JN257583

パリ八百長テロと米国1%の対日謀略

これが真相だ！

ネット・ジャーナリスト
リチャード・コシミズ

SEIKO SHOBO

はじめに

2015年の出来事。パリの連続テロ。エジプトでのロシア機墜落。トルコ軍に撃墜されたロシア空軍機……。

世界最大の発行部数を誇るY新聞をいくら読んでも、これらの事件事故の関連性はわかりません。だが、21世紀のこの世の中の真の構造が分かってくると、すべての事件が見事に繋がっていると、鮮明に浮かび上がってきます。

そして、ウクライナ動乱もマレーシア航空MH370便失踪事件もMH17便撃墜事件も。さらに遡れば、311東北大地震も、911同時多発テロも。そして、究極にはオウム事件すら……すべてが繋がっています。

実にシンプルなことなのです。この世の「裏の構造」さえ把握できれば、どんな事件も瞬時に解読できます。裏側にいる「巨悪」の思惑《おもわく》が手に取るようにわかります。

なぜ、新聞を熟読しても世の中が理解できないのか？　新聞は読めば読むほど、雑多な情報が積み上がるだけで、包括的、系統的な理解など手に入りません。なぜか？　真実を大衆が知ってしまったのでは、「巨悪」には都合が悪いのです。大衆には、あまり深くものを考えずに、政治経済に興味を持たずにいてほしい。従順な羊のままでいてほしいから、知らしめるべき情報をブロックする。嘘を報道して、大衆に誤解をさせ、「巨悪」に都合のよい「勘違い」をしてもらいたい。「巨悪」の傀儡《かいらい》への盲目的支持を取り付けたい……。

戦後70年を掛けて、日本の大衆は従順な羊となる訓練を受けてきました。そしてその役割を「巨悪」の代理人として養成されたメディアが担っているのです。では、その「巨悪」とは誰なのか？　本論に移行いたしましょう。

本書が、読者諸氏の頭の中のモヤモヤを払拭《ふっしょく》し、真実を知ったことによる「解放感」「爽快感」をもたらすことを祈念しております。そして、先に真実を知って巨悪と真剣に対峙している我々の仲間に加わっていただきたいのです。

この国に真の独立をもたらすために。我々の子孫に、恥ずかしくない、胸を張って誇れる国を遺すために。２０２０年の東京オリンピックを、曇りのない晴れ晴れとした気持ちで迎えるために。それが今に生きる我々の責務なのです。

２０１５年12月5日
ネット・ジャーナリスト
リチャード・コシミズ

目次　Contents

第3章 パリ惨事を呼び込んだ米国の凋落

第4章 米国1%の対日謀略

第5章 日本の国富の奪い方

［装幀・本文DTP］ホープカンパニー
［カバー写真］GLOBENEWSWEB
［本文図版提供］リチャード・コシミズ・ブログ

第1章 パリで何が起きたのか？

パリ惨事の不可思議

ヨーロッパの麗《うるわ》しき花の都・パリで起きた連続テロは、世界中を一瞬にして、混沌と恐怖に陥れた。

２０１５年11月13日夜（パリ現地時間）、バタクラン劇場など6カ所で銃撃があり、仏独戦の行われていたサッカー場でも3回の爆発があったという。

犠牲者は少なくとも１２０人を超えるという。

そして、イスラム過激派ＩＳＩＳが犯行声明を出したという。

フランスのテロ実行犯がシリア、エジプトのパスポートを持っていたと報道された。

そして、事件後すぐに仏のオランド大統領は、シリアへの激しい空爆を命じた。ＩＳＩＳの拠点が攻撃目標だという。

「という」を何度も繰り返した。なぜならば、パリ連続テロに関する報道を、そのまま受け入れるほど、脳が劣化していないからである。

パリ惨事には、不可思議な情報が山積みになっている。うず高く積まれた疑惑の山は、今にも、頂上から爆発して噴煙を噴き出しそうだ。

●バタクラン劇場にいたメキシコ人の娘と恋人の男性は、テロから逃れて劇場の外に出て娘の母親に連絡して無事を伝えた。そのあと、劇場内で死体となって発見されている。母親は、二人がフランス当局に劇場内に連れ戻されて惨殺されたと主張している。

●劇場惨事を映した防犯カメラや携帯画像が出てこない。今の時代、携帯電話はだれもが持っている。そのどれにもソニーのイメージセンサー搭載のカメラ機能が付随している。テロリストの隙《すき》を見て撮影した映像が、事件後、どっと、ネット上に流出しない方がおかしい。

●パリのユダヤ人コミュニティーに「近々、フランスで大規模テロがある」との事前テロ警告があった。911でも、WTCに勤務する3000人のユダヤ人には、直前に「出勤するな」との指令が届いている。結果、WTC倒壊で死んだユダヤ人は、たまたま訪れていたユダヤ人など、たったの2人だった。

●パリ惨事とボストン・テロの両方に「出演」したクライシス・アクターの女性が注目を浴びている。犠牲者を演じるクライシス・アクターが起用されているということは、偽テロである証左である。

●劇場の外に倒れている犠牲者を映した携帯映像が出回っている。撃たれて死んだのであろう。だが、その犠牲者がやおら頭をあげ、携帯電話をいじり出している。

●テロ前日に「犠牲者120人超」とのフライング情報があった。「予定稿」が事前に漏れてしまったのではないか。９１１でも、未だ倒壊していないＷＴＣ７ビルを背後にして、ＢＢＣの女性キャスターが「ＷＴＣ７が今、倒壊しました！」とレポートしている。「予定稿」をフライング報道してしまったのだ。その報道の後10分ほどして、航空機も突入していないＷＴＣ７は、ビル爆破解体の手法そのままに、垂直倒壊した。

どうにも違和感のあるテロである。血なまぐさい映像がほとんど出てこない。犠牲者１２０人超というが、一体、だれが犠牲になったのか、はっきりしない。死亡者リストも発表されていないようだ。「爆破」があったというが、「あれは花火であり、爆発を偽装した」という情報も入ってくる。ボストン・テロ同様に、ほとんど実態のないテロだったのか？　そして、続報が極端に少ない。シオニストに占拠されたメディアが沈黙するときは、「忘れてほしい」時だ。テロの背後関係に焦点が当たっており、矛盾が噴出しているので、追及を逃れるために黙るしかないのではないか。

世の真実が見えない人は、こう口走るかもしれない。「ＩＳＩＳって、なんて非道な連中だろう。パリに、フランスに、何の咎《とが》があるというのか？　ＩＳＩＳを懲らしめてやれ！」と。だが、世の中の構造を、そこそこ分かった人はこう言うであろう。

「パリのテロ？　ははあ、フランスもＥＵの経済危機で、ギリシャやスペインの無価値な国債をごっそりと抱えているからなぁ。わが身大切になるよなー。米国1%が、かなり焦っているな。ネオコンが欧州を脅しているってことか」

何が言いたいのか？　現時点では、意味不明で結構である。本書を読破すれば、明快に意味が分かる。いずれにせよ、モノの分かった人の口からは「イスラム」のイの字も出てこない。イスラムなど、パリ惨事には何の関係もないからだ。

パリの惨事には、911との共通性があちこちに見え隠れする。911の真相を知るものは、パリの惨事にも同じ「巨悪」が関わっていると、瞬時に想起する。「やらせテロ」のサインが、あちこちで発見されるからだ。

フランスのEU離脱を恐れる米国1%

フランスは、EUを構成する主要国の一つである。EUはギリシャ危機を皮切りに、スペイン、ポルトガル、イタリアなどの加盟国の経済危機が表面化した。フランスは、ドイツとともに、これらの「劣等生」国家の国債をたくさん抱えている。それらは丸ごと不良債権である。どうやら、この負の財産がフランスの財政に重くのしかかっているようだ。

他国の債務を負担し続けることに、フランス国民は賛成していない。英国やドイツ、オーストリアなどと同様に、フランス国内でも、EUからの離脱を望むナショナリズム的な声が上がってきた。もし、フランスやドイツがEUから離脱すれば、ギリシャなどの重債務国はひとたまりもない。

ギリシャがデフォルト（債務不履行）すると、一番困るのは、米国1％つまり、ロックフェラー財閥を中心とするニューヨークのユダヤ金融資本である。ギリシャの国債や株式に便乗して巨額のデリバティブ金融商品を発行しているのが、米国1％の金融企業だ。米国ユダヤの「金融工学」のたまものだ。

ギリシャがデフォルトすると、これら金融派生商品が破綻する。破綻の連鎖で京円《けいえん》（1万兆円）単位の損失が発生する。レバレッジという実体のない富の作り方が、逆に作用してとんでもない巨額の負債を生んでしまうのだ。

ギリシャのユーロ離脱危機…フランス、オーストリアにも飛び火か　高まるEU崩壊の懸念

http://newsphere.jp/world-report/20150708-1/

5日の国民投票で、IMF（国際通貨基金）・ECB（ヨーロッパ中央銀行）・EUの「トロイカ」が斡旋する財政緊縮策に、ギリシャ国民はNOを突き付けた。事実上デフォルト（債務不履行）状態のギリシャで注目を集めているのが、ユーロ圏を離脱するのか否かである。主に筆頭債権国ドイツが「返済か離脱か」の圧力をかけているのだが、ギリシャを含め「PIIGS」と呼ばれるスペイン・ポルトガル・イタリアなどのヨー

パリ惨事とボストン・テロの両方に「出演」したクライシス・アクターの女性

世界中でテロ事件が巻き起こる
みんな米国1%の仲間
I S I S(L)
米ドル防衛のためのテロリスト！

米ドル防衛が究極の共通目的

ロッパの過重債務国だけでなく、オーストリアやイギリス、フランス、ドイツなどG7主要国でも、ユーロ離脱＝EU離脱を求めるナショナリズムが高まりつつある。

フランス政府が、国民の圧力を受けて、米国1％の言うことを聞かずにEUを離脱することになれば、EUは瓦解《がかい》する。加盟国の劣等生部門の国家破綻が余儀なくされる。今まで長期にわたり、必死に金融破綻を誤魔化してき米国1％にも、もはや、担保能力はなくなる。米国という国家が破綻し、ユダヤ金融資本が朽ちた巨木のように倒れ伏すのだ。

それは困る。フランスは、絶対的に米国1％の制御下に置いておき、勝手なことをさせたくない。だから、CIA、モサドを使って「パリの連続テロが起きたことにした」のではないか？　フランスに対する恫喝《どうかつ》の意味ではないのか？　「おい、フランス。ギリシャの尻拭いをしろ！」テロだったのか？

フランスとロシアの関係改善

もう一つの要素は、フランスのオランド大統領が、ロシアとの関係修復に動いていたことだ。ロシアに対する制裁を解除すべきだと言及している。米国1％が、必死にロシアと西欧を切り離して、ロシアを孤立させようとしているのに、フランスが抜け駆けしてもらっては困るのだ。「フランスのようにロシアに接近すると、大規模テロが起きるぞ」との他国への警告だったのか。

仏大統領オランドがついに親露派に？

http://rt.com/news/219831-hollande-russia-lift-sanctions/ 上記の記事より抜粋翻訳

ロシアへの経済制裁は今すぐ解除されなければならない。仏大統領フランソワ・オランドはロシアの経済危機がヨーロッパへ波及して大きな衝撃を与えるのを憂慮している。彼はウクライナの和平交渉の前進が認められれば即座にモスクワに課された制裁を解除するよう訴えた。

「もしロシアが危機になれば、ヨーロッパにとって必ずしも良いとは限らない」

オランドはラジオ局 France Inter の2時間インタビューのなかで言った。「状況を悪化させてゴールに達する政策に賛同できないので、私は今すぐ経済制裁を止めなければならないと思う」

オランド大統領は、前任者のサルコジほどニューヨークのネオコンたちと近い人物ではない。よって、サルコジ派、つまり、欧州ユダヤ人のシオニストたちの中には、オランドの失脚、もしくは暗殺を狙うグループがあるだろう。サルコジ時代にフランスが復帰した

NATO軍の内部にも。米国1％がパリで大規模テロを実行するには、フランス国内に軍事面、諜報面での協力者が必要だ。サルコジ一派とNATO軍がその任に当たるであろう。「フランスがロシアに軍艦を輸出しようとしたり、仏石油大手トタルがロシアと石油取引しようとしたりして、ロシアに接近している」から、2015年1月にシャルリー・エブド襲撃事件が引き起こされたとする見方もある（新ベンチャー革命さんの情報）。

フランスの石油大手トタルのド・マルジェリ会長は、2014年10月、モスクワの空港の滑走路で、ビジネスジェット機が除雪車と激突して死亡した。事故だったのか？　ド・マルジェリ会長は、事故で亡くなる3カ月前に「石油取引にドル決済は必要ない」と明言していた。その発言が、会長の命を縮める原因となったのではないか？

彼の言葉は、石油ドル体制に依存する米国1％にとって、忌々《いまいま》しい発言であった。原油の取引には、長い間米ドルがもっぱら使われてきた。対価を米ドルで受け取った産油国は、受け取ったドルを米国に還流させた。米国債が買われ、米国はその資金で放蕩三昧《ほうとうざんまい》してきたのだ。

米ドルが唯一の基軸通貨でありえたのは、原油取引にドルが使われてきたからだ。その米国存続の基盤である「石油・ドル体制」を否定する発言をフランスの石油業界のトップが行ったのだ。

シャルリー・エブド襲撃事件は、パリで風刺週刊誌を発行しているシャルリー・エブド社を覆面姿のテロリストが襲撃して編集長など12人を殺害した事件だが、これを米国１％のコントロール下から逃れようとするフランスに対する恫喝とみるべきなのか。パリ惨事はその延長なのか。

シオニスト、サルコジ前大統領

パリ惨事の発生を防げなかったオランド大統領に国民の批判が集中し、辞任へと追い込むのが目的なのか？　ＣＩＡ・モサドの洗脳術でロボットと化したテロリストが、シオニストにまんまと騙《だま》されてイスラムテロを実行していると考える。実に悲しいことではないか。もちろん、フランス国内にも米国１％と呼応して「テロに加担する」勢力はいるであろう。テロのショックを利用して国内を統制し、フランス国民の声を押しつぶそうと企む一派もいるであろう。

フランス政府の中にもシオニストの一味はいる。前大統領のサルコジとシオニスト、モサドとの関係は明白だ。サルコジは、もちろん、ユダヤ人である。ハンガリーからの移民2世で、母親はユダヤ人だ。ユダヤ教では、母親がユダヤ人なら、子供は自動的にユダヤ人と認定されるのだ。カトリックを装ってはいるが、おそらく、偽装改宗であろう。なぜ、ユダヤ移民が大統領となりえたのか？　米国1％の金《カネ》の力ではないだろうか？

　また、新ベンチャー革命さんによると、前大統領・サルコジの側近の人物が逮捕され、有罪判決が出ているという事実もある。今後、サルコジ時代の闇が発覚すれば、フランスに対するニューヨークの戦争大好き集団の悪行の数々も発覚してしまう。モサドとの関係も露呈してしまう。


フランス・テロ犯と元フランス大統領サルコジが2009年に会っていたことが判明。

テロ事件を捜査していた警察署長も死亡

http://www.asyura2.com/14/warb14/msg/766.html

　ユダヤ人専用のスーパーに立て籠って射殺されたテロ容疑者のアメディ・クリバリは2009年7月に、当時のフランス大統領ニコラ・サルコジに招かれてエリザ宮殿で会っていたことが判明。これは既に報道されたことだが、テロ事件を捜査していたフランスの警察署長が拳銃自殺した。この事件も911の時と同じように、パスポートを車に残すという「お決まりのパターン」が見られるのも興味深い。

　このテロ事件はオランド大統領がロシアとの関係修復に動いていた矢先に起きた事件で

他の国に見せしめにはなった。今後、フランスがどういう道を進むのか注目していただきたい（http://www.globalresearch.ca/paris-terror-suspect-met-with-french-president-sarkozy-in-2009/5423878）。

２０１５年10月、サルコジはプーチン大統領と会って、ロシアに恭順すると、プーチン氏に縋《すが》っている。犯罪者が、追及者に恐れをなして「土下座するから、これ以上虐《いじ》めないでくれ」と懇願しているように見える。

プーチン大統領との会談でサルコジ氏：ロシアと欧州は運命共同体（sputnik）

http://jp.sputniknews.com/politics/20151029/1095396.html

フランスのニコラ・サルコジ前大統領はプーチン大統領との会談で、世界はロシアを必要としており、欧州はロシアとともに行動するべく定められている、と述べた。

「深く確信している。世界はロシアを必要としており、欧州はロシアとともに行動するべく定められている」とサルコジ氏。ロシアと欧米の関係はウクライナ問題で急速に冷え込んだ。昨年7月末、EUと米国はロシアの一連の経済部門に対し制裁を発動。対してロシアは同年8月、制裁導入国からの食料輸入を禁止した。（２０１５年10月29日）

サルコジはリビア内戦でも暗躍した「実績」のある人物だ。

２０１１年、NATO軍を後ろ盾にしたリビア国民評議会が、カダフィ打倒に立ち上がり、内戦が勃発した。一時は、反カダフィ派が拠点にしたベンガジは包囲されたが、NATOなどからの軍事援助を得て反攻し、10月20日に首都トリポリが陥落した。カダフィは最後の砦、スルトで抵抗したが殺害され、42年間に及んだカダフィ体制は崩壊した。

カダフィは独裁者、暴君のイメージが強く、日本人もあまり良い印象は持っていなかった。だが、実態は少し違った。世界は、シオニスト・メディアにより、カダフィの悪印象を植え付けられていたのだ。

メディアが集中攻撃する人物は、往々にして「米国1%に都合の悪い人物」であったりする。鈴木宗男元議員、小保方晴子さんもそうである。

サルコジは、リビアのカダフィ政権が倒された直後、英国のキャメロン首相とともに首都トリポリを訪問している。カダフィ大佐は、アフリカ独自の統一通貨、金融機関の設立を提唱していた。これは、すなわち、アフリカの産油国などがドル体制から離脱することを意味し、米国1%にとっては死活問題であった。だから、市民蜂起を偽装してカダフィを亡きものにしたのだ。そして、すぐに後始末に奔走する「担当者」がリビアに送り込まれたのだ。フランスのサルコジ・ユダヤ人と英国のキャメロン・ユダヤ人である。

米国1%がカダフィのリビアを襲撃した理由《わけ》を簡単にまとめてみよう。

（1）カダフィ政権が米欧にそれぞれ投資している320億ドル、450億ドルを凍結し、巨額負債の穴埋めに流用するため。

（2）アフリカ最大の埋蔵量のリビアの石油を横取りするため（毎年300億ドルの貿易黒字）。

（3）カダフィのアフリカ統一通貨構想を潰すため（リビアの資金でアフリカ独自の金融機関が育成され、世銀・IMF支配から離脱せんとしていた）。

（4）カダフィ政権に近い関係のロシア、中国、ブラジルを牽制し、アフリカの産油国に「言うことを聞かないとどうなるか」と恫喝を加えた。

（5）米国1％御用達の韓国人が事務総長を務める国連が、リビア反体制派を支持することで、大義名分が得られるから。

そして、サルコジは、自分の大統領選の資金をカダフィから融通してもらっていた。それが発覚するのを恐れて、リビア政変のお膳立てに加わり、カダフィの口を封じたのであろう。

「カダフィ大佐から聞いた」＝サルコジ氏の資金疑惑——ベラルーシ大統領

時事通信　2012年5月12日配信

http://headlines.yahoo.co.jp/hl?a=20120512-00000020-jij-int

【モスクワ時事】先のフランス大統領選の決選投票で敗れた現職サルコジ大統領の不正資金疑惑に関し、ベラルーシのルカシェンコ大統領が「(リビアの元最高指導者)故カダフィ大佐本人からサルコジ氏に1億ドル(約80億円)を渡したと聞いた」と発言し、物議を醸している。仏ニュースサイトも第1回投票後の4月下旬、サルコジ陣営が初当選した2007年の大統領選前、カダフィ政権から5000万ユーロ(約52億円)を受け取ることで合意していたと報道。サルコジ氏は全面否定していた。

リビア公文書記録に　サルコジ仏大統領選挙資金で独裁者カダフィが50億円拠出決定

2012年4月29日　http://franettese.blogspot.jp/2012/04/50.html

2006年12月10日付けのリビア政府の公式文書には、独裁者カダフィ体制が5000万ユーロ(約50億円)を2007年のサルコジのために仏大統領選挙の資金に充てることを決定したという記録がある。これはリビアのムッサ・クッサ(Moussa Koussa)秘密情報局部長が文書でカダフィの官房長官バシィ・サレハ(Bachir Saleh)氏に秘密裏に供出することを許可したもので、インターネット新聞のメディアパー社が28日に報道した。

サルコジは、常にシオニストのために働いてきた。今回のパリ惨事にも関わっているとみて間違いないであろう。

911は、米国1%による金融破綻を誤魔化すための内部犯行であった。パリのテロもまた、米国1%による米国1%のための「金融破綻回避の動き」であったと解釈すべきではないであろうか？　米国1%は、911テロと同種の作戦を他国で行ったということか。

「TTIP」と「TTP」の正体

一つ忘れてはいけないことがある。環大西洋貿易投資パートナーシップ（TTIP）である。日米が中心となったTPP交渉は、喜ばしいことに遅々として進んでいないが、欧州でも同じ自由貿易交渉が行われている。TTIPだ。だが、欧州の人々はTTIPの本質に気づいている。

「TTIPは結果的に、一国の枠を超えた新たなツールとなり、そこでは大手民間企業が、国や議員、そして最終的には国民に代わって決定を下す可能性がある」とフランスの有識者は的確に指摘している。政党「国民戦線」のマリーヌ・ルペン党首や、TTIP反対運動を行っている団体「新エコロジー」が頑強に反対している。

日本ではメディアが米国1%の奴隷化しているのでほとんど報道されないが、TPP交渉の核心部分はISD（N）条項である。「牛肉や農産物の関税」の話は、TPPの本当の目的を隠すための「煙幕」だったのだ。

TPP条文案にISD（投資家・国家間紛争）条項

http://www.jcp.or.jp/akahata/aik14/2015-03-29/2015032901_02_1.html

【ワシントン＝島田峰隆】内部告発サイト「ウィキリークス」は25日、環太平洋経済連携協定（TPP）交渉の投資分野の条文案とする資料を公開しました。資料は1月20日付で全55ページ。多国籍企業が投資先の政府によって不利益を被ったと考えた場合、政府を相手取って国際法廷に訴訟を起こす権利を認めた「投資家・国家間紛争（ISD）条項」が盛り込まれています。

このISD条項こそが、TPPを主導する米国1%の姦計の根幹部分なのだ。「損害を受けたアメリカ企業は、アメリカが支配する〝国際投資紛争解決センター〟に提訴できるようになる。アメリカが支配する機関に訴えるのだから、認められるのは確実。米韓FTAを結んだ韓国も、このISD条項に苦しめられています」ということなのだ。

韓国では、TPPに先んじて米韓FTA（自由貿易協定）に調印している。そして、米国1%企業のISD条項を盾にした猛攻を受け、75件以上の国内法改正を余儀なくされている。「米企業から利益逸失などをタテに訴えられるのを避けるため」にだ。

既に米国の投資ファンド企業ローンスターは、韓国政府に総額47億ドルの賠償を求める訴訟を起こしている。国家が主権を失い、米国1％企業の言いなりとなるということだ。これがTPPの本質なのだ。さらには、この不平等条約を米国側のみに有利となるよう強化する条項も追加されている。

●**ラチェット条項**＝TPP参加国が将来、不平等条約に気づいたときに後悔しても後戻りはできない仕組み。

●**スナップバック条項**＝米国のみが後戻り出来る仕組み。つまり、日本が主張する聖域をすべて米国が認めたとしても、後でいくらでもひっくり返せる。

韓国弁護団が批判「米韓FTAは大失敗」日本もTPPで二の舞必至（日刊ゲンダイ）

http://www.nikkan-gendai.com/articles/view/news/169739

TPPのモデルとなった米韓FTA（自由貿易協定）を批准した韓国は、発効から3年でボロボロになっているという。16日に行われたTPP交渉差し止め・違憲訴訟の第2回口頭弁論に合わせ、米韓FTA反対運動を主導する韓国弁護団が来日。団長のソン・キホ弁護士による講演でその惨状が明かされた。（中略）

トドメは国家の主権を奪うISD条項だ。米企業から利益逸失などをタテに訴えられるのを避けるため、少なくとも75の国内法改正が実施される。米投資ファンドのローンスターは韓国政府に約47億ドル（約５８００億円）の賠償を求めて係争中だ。安倍首相は「成長戦略の柱」とかうそぶいているが、デタラメだ。ＴＰＰを批准したら、この国は本当に終わる。（２０１５年11月18日。抜粋）

では、安倍総理が、なぜ、ＩＳＤ条項に一切触れずにＴＰＰ交渉を強行しているのか？

簡単である。安倍晋三が、ごく単純に「米国１％の犬」だからである。

なぜ、メディアの報道はＩＳＤに触れないのか？　メディアが米国１％に隷属するシステムが出来上がっているからである。その奴隷メディア界のヒエラルキーの頂点に君臨しているのが、電通である。

ＴＰＰのＩＳＤ条項は「米国１％企業が世界の各国政府を支配する」ためのものである。つまり、ユダヤ金融資本が世界の支配者となるためなのだ。ＴＰＰとは、ユダヤ世界権力の「ＮＷＯ（世界新秩序）」を体現するための手口だったのだ。

ＴＰＰとＴＴＩＰの中身は同じである。違いは、米国１％がどこをターゲットにしているか、それだけである。

ＴＰＰは、日本と中国を分断することで、日本を米国１％の奴隷化するのが目的である。

ＴＴＩＰは、ヨーロッパをロシアから分断し、奴隷化するのが目的である。両方が完成すれば、米欧日の世界の三極はすべて、ユダヤ金融資本の僕《しもべ》となり、ごく少数の金融ユダヤ人のために世界の人口の大きな部分が滅私奉公することになるのだ。まさに、ＮＷＯの完成なのだ。

だから、米国１％は、その完遂のためには何でもやる。ＴＴＩＰを強要するためなら、パリの連続テロに手を染めても当然なのだ。フランスが、ＴＴＩＰに背を向けそうな気配が、サルコジの大統領選敗北、オランド大統領就任で濃厚になった。だから、オランドとフランス国民をテロで脅迫した。そう考えるのが無理のない筋書きである。

しかし、この事件のお陰で、フランスにもシオニストに支配されていない知者がいると分かったのは、嬉しいことだ。フランスがフランス人的なナショナリズムで米国１％の強引な占領手法に抗戦してくれれば、米国１％の目論見は絵に描いた餅で終わる。

「毒素条項」韓国で初のＩＳＤ条項発動
http://blog.livedoor.jp/gurigurimawasu/archives/21610171.html
米投資ファンド「ローンスター」が外換銀行の売却で不当な損失を被ったとして、ＩＳＤ条項に基づき韓国政府を仲裁機関である「国際投資紛争解決センター」に提訴した。
ＩＳＤ条項は今年３月に発効した米韓ＦＴＡ（自由貿易協定）に盛り込まれ、国際協定で先進国がＩＳＤ条項で訴えられるのはあまり例がない。

さらに韓国の国税当局から恣意的に課税され損出を被ったというもの。ローンスターが今年５月に駐ベルギー韓国大使館に送付した予告文書では「韓国政府の恣意的かつ差別的な法執行で数十億ユーロの損害が発生した」と主張した。

ＩＳＤ条項は２０１０年まで計３９０件発動され、ほとんどは発展途上国が対象。同条項は投資ルールが整備されていない途上国で、先進国の投資家の利益を守るのが目的のためだ。それが韓国で初適用されたインパクトは大きい。その象徴が、今回のＩＳＤ条項をはじめいったん規制を緩和すると元に戻せない「ラチェット条項」である。

アメリカの支配層は経済的にＥＵを支配する仕組みも導入しようとしている。日本ではＴＰＰが問題になっているが、ＥＵの場合はＴＴＩＰ（環大西洋貿易投資協定）。両協定の目的は基本的に同じだ。ロシアとＥＵの経済的な結びつきを断つことに成功すれば、ＥＵは完全にアメリカの属国になる。

原油価格の下落が米国1％の息の根を止める

今、米国１％が一番恐れているのは、原油価格の下落である。原油が１バレル40ドルを切ると、彼らの間に激震が走る。少し前までは１バレル１００ドル以上だった原油が、瞬間的に40ドルを割った。米国１％は、取引終了時刻の直前に買いを入れて必死に40ドル台に戻す。だが、12月８日には37・65ドルの安値をつけた。彼らは、このまま放置すれば、

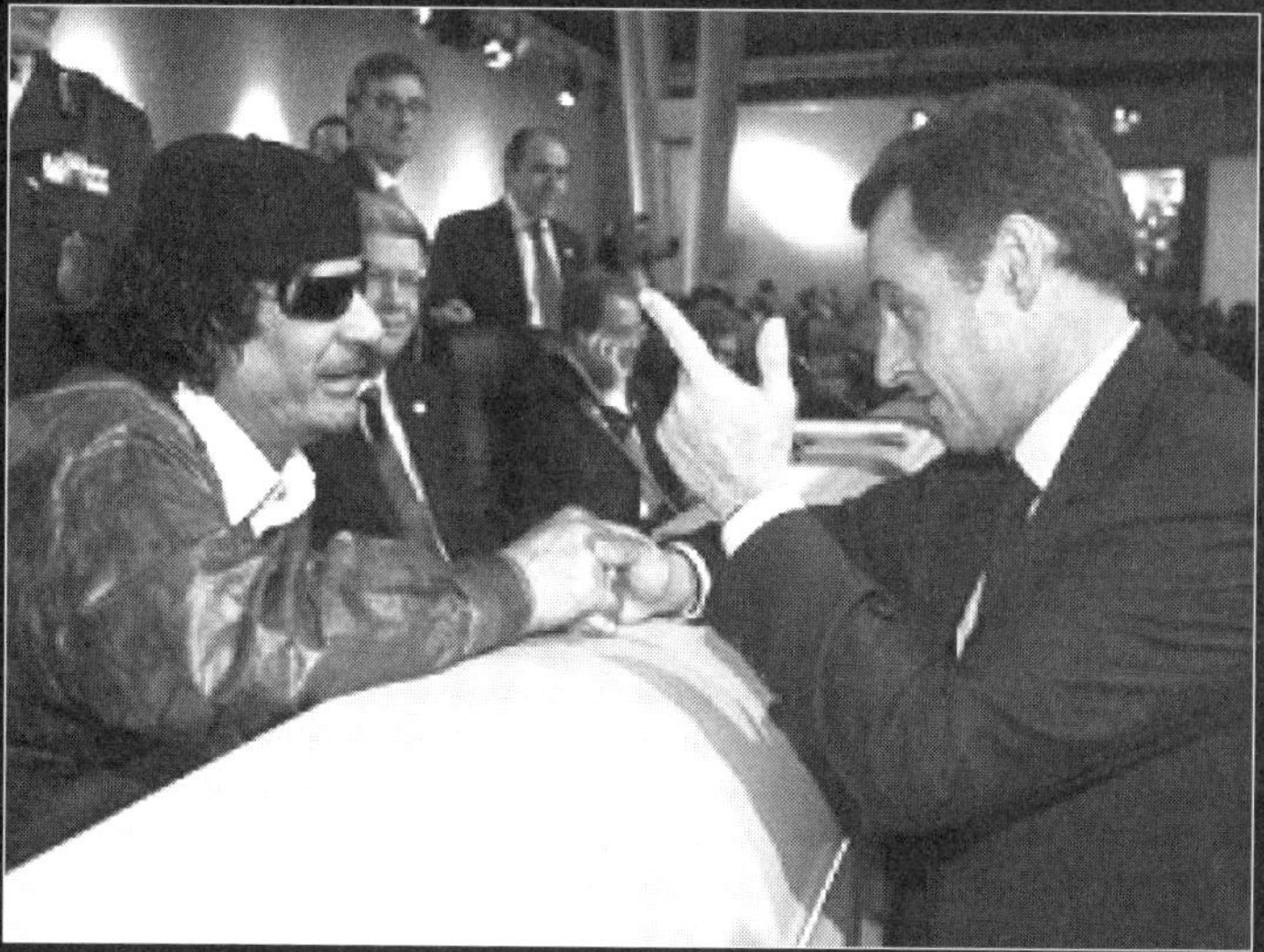

サルコジとカダフィの蜜月関係

石油利権がほしいので、ちょっと早いけどリビアに来ました。リビアの石油は質がいいので、ユダヤ人が独占すべきです。

リビア略奪戦争終結を記念して英仏利権代表がトリポリ入り
石油欲しさに　カダフィを悪者に仕立てて戦争に勝ったらさっそく本性むき出しで利権分捕りです。ユダヤ英国の本領です。

でも、実は黒幕はやっぱり米国ユダヤなんですよ。CIAがやった政変です。

カダフィは本気でアフリカ独自の金融システムを作ろうとしたんですよ。IMF・世銀支配を抜けようと企むからこうなったんだ。

なんだ、カダフィって全然悪くなかったんじゃないか。欧米の利権漁りの犠牲になっただけか。

ユダ金ども、まだこんな荒っぽい陰謀やってたのかよ？

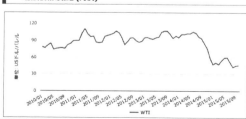

リビアをめぐる複雑なカラクリ

ISD条項で提訴の嵐か

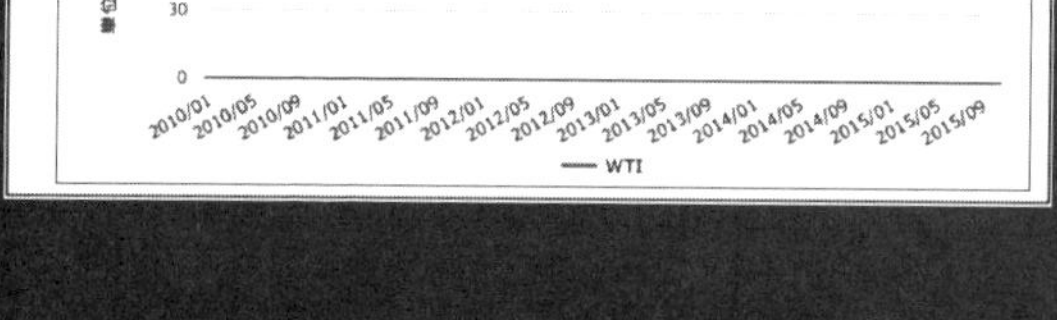

原油価格が下落している

１バレル20ドルまで下落すると知っている。だから、気が気ではない。

ＷＴＩ（ウエスト・テキサス・インターメディエイト）という米国産の原油の市場価格が世界の指標となっている。テキサス州で産出される軽質油だが、これが、世界で一番有力な指標になっている。これが上がれば、世界中の原油価格が上がる。ＷＴＩは、世界全体の産量の１～２％に過ぎない。せいぜい日産１００万バレル程度だ。だが、他の原油とブレンドしたものが、ＷＴＩとみなされて、１日１億バレルも先物で取引されている。これは、実際の世界の原油供給量である日産８００万バレルを超える数字だ。だから、価格影響力はきわめて強い。日本が多く使っている中東の重質油は、ドバイ産が指標になるが、これもＷＴＩ価格に大きく影響される。

だから、地元テキサスのユダヤ石油メジャーが談合して、ＷＴＩを意図的に高値で取引するだけで、世界の原油価格は吊り上げられる。石油関係者だけではなく、金融機関や投資ファンドなどが、ニューヨーク・マーカンタイル取引所（ＮＹＭＥＸ）で、ＷＴＩの売買をやっている。もちろん、石油関係者も金融機関も投資ファンドも全部、握っているのはユダヤ勢力だ。当然、裏でつるんで、ボスの号令の下に一斉に価格操作に勤《いそ》しむ。

テキサスの石油屋といえば、ブッシュ親子であり、その親分は、エクソンモービルとテキサコとシェブロンのオーナーのロックフェラーということになる。どちらも隠れユダヤ人だ。
石油の需給関係からみると、当時の適正な原油価格は、1バレル当たり30〜32ドルだったというから、07年10月末の93ドルというのは、本来の価格の3倍に吊り上げていたということだ（現在の適正価格はおそらく、20ドルであろう。それだけ原油生産量が増えている）。だが、このユダヤ原油価格操作が出来なくなっている。彼らは必死に市場介入するが、40ドル割れをかろうじて阻止するくらいしかできていない。今後も原油価格は下がる。それが市場原理だ。

WTIが40ドルということは、市場価格が60％下落したということだ。それだけ産油国の収入が減る。石油メジャーも扱い額が減る。原油取引に使われる米ドルの額が減る。例えば、30％の下落で、米ドル6000億ドルが不要になる。ただでさえ、原油取引やほかの貿易取引に米ドルを使わないケースが増えているのだ。

ロシアとイランがドルを介さない原油取引を始めた。これがほかの産油国に波及すると、石油ドル体制が終焉を迎えてしまう。米政府当局は、「あらゆる手段を使ってイラン、ロシアに懸念を伝える」と、周章狼狽《しゅうしょうろうばい》してロシアに「ドルを使え」と抗議した。そして制裁すると脅した。意味不明な抗議である。どの通貨を使おうと、米国に関わりのないことだ。米国にどんな「制裁」の権限があるというのだ。なに様のつもりだ？　そして、中露が貿易にドルを使わなくなった。８００億ドルが不要になった。こうして、世界のドルの需要は、日々減り続けている。

「石油ドル体制」の根幹である原油の価格が半分以下になれば、取引に使われるドルの需要も半分以下になる。米国に還流するドルが半分以下になる。米ドルの基軸通貨の地位が、瀕死の重傷を負う。今でさえ首の皮一枚でつながっている状態だ。というか、今でも地位を保っていること自体が、異常事態だ。

サウジアラビアは、原油安の直撃を受けて、国家始まって以来の国債を大量に発行した。緊急事態である。

サウジ、原油安で国債発行＝３～４兆円調達目指す――英紙報道

時事通信　２０１５年8月6日

http://headlines.yahoo.co.jp/hl?a=20150806-00000128-jij-eurp

【ロンドン時事】６日付の英経済紙フィナンシャル・タイムズは、世界屈指の産油国のサウジアラビアが国債の大量発行を検討していると報じた。年内に総額２７０億ドル（約3兆３７００億円）の資金調達を目指すという。原油価格は昨年夏から低迷が続いており、同国財政も余裕がなくなりつつあるようだ。同紙によると、サウジは今年7月、約8年ぶりに40億ドルの国債を発行。さらに50億ドル超を起債できないか、金融関係者に打診している。

昨年8月時点で約7370億ドルに達していたサウジの外貨準備は、原油安に伴う税収の落ち込みなどを穴埋めするために取り崩され、直近では約6720億ドルに減っているという。

そして、サウジ政府は様々な支払いが未払いになっている。このままではリヤドの地下鉄の建設工事も始められそうにない。

サウジで政府契約業者への支払いに遅れ、原油安で――関係者

２０１５年10月19日

http://www.bloomberg.co.jp/news/123-NWGBX66S972E01.html

【ブルームバーグ】原油価格下落の影響で２００９年以来の財政赤字に陥っているサウジアラビアは、政府の契約業者への支払いを遅らせている。事情に詳しい関係者３人が明らかにした。（後略）

サウジ王家の王子が、麻薬の密輸で逮捕されている。収入激減で、麻薬犯罪にも手を出さざるを得なくなったのであろう。原油収入でさんざん贅沢をしてきたサウジアラビアが、苦境に陥っている。

なぜ、原油価格がこんなに下がったのか？　基本的には、生産量が増えたからである。ロシアの原油生産が絶好調である。ロシアは、米国1％やサウジアラビアの苦境には無頓着である。彼らの都合に合わせて減産する気などさらさらない。史上最高の産出量を達成している。さらには、一カ所でサウジアラビア全体の産油量に匹敵する大油田も見つかっている。今後もロシアの産出量は増える。

イランの制裁が解かれ、イランの原油が国際市場に流れ込んでいる。そして、イランは増産を公言している。サウジアラビアが減産に応じない。減産すれば、さらに国家収入が減り、国家破綻してしまう。しかも、一度稼働させた油田は、操業を停止すると5年間は再開できない技術的問題があるという。エネルギー需要が多様化し、原油以外の天然ガスなどに需要が移っている。中国の経済が減速して、中国向け原油の出荷が減っている。

9月のロシア原油生産、ソ連崩壊後で最高に

https://twitter.com/russia_jp/status/650033089570168832?lang=ja

ロシアの原油生産量は（2015年）9月にソ連崩壊以降の最高を記録した。低調が続く国際原油価格を一段と圧迫しそうだ。

http://japanese.irib.ir/

イラン石油大臣の生産拡大の強調

「イランは、原油の生産量を増加する上で、誰の許可も得ることはありません」。イランのザンゲネ石油大臣は、19日月曜朝、テヘランで開催された戦略会議と石油・エネルギー見本市の傍らで、このことを強調すると共に、「我々は、生産した原油を市場に供給し、市場がそれを惹きつけるだろう」と語りました。また、「ＯＰＥＣ石油輸出国機構が、賢明な措置により、イランの自然な市場への復帰を目指すよう期待している」としました。ザンゲネ大臣はこれ以前にも、「イランは制裁や制限により、原油の生産・輸出量を削減したが、制裁解除の直後、あるいは1カ月後には、日量50万バレル、６カ月から7カ月後には１００万バレルまで生産量を増加することができる。イランの産油量は、制裁行使前の水準に戻るのが妥当であり、すべての国は、イラン産原油のためにシェアを譲るべきだ」と発言しています。

当初米国１％は、原油価格を意図的に下げて、産油国であるロシアやイランに打撃を与えることを狙ったようだ。だが、原油は下げ止まらず、米国１％の盟友のサウジアラビアが代わりに大打撃を受けてしまった。サウジの危機はそのまま米国１％の危機である。人様の足を引っ張ろうと企んで、自分が溺れてしまった米国１％である。落ち目になると何をやってもうまくいかないものである。

原油価格はさらに下落へ、中国の減速で——アンデュラン氏

http://www.bloomberg.co.jp/news/123-NTR9GO6VDKHT01.html

【ブルームバーグ】ニューヨークの原油市場で取引されているウエスト・テキサス・インターメディエイト（WTI）先物が今週に入ってバレル当たり38ドルまで下落したことを受けて、ヘッジファンド運用者のピエール・アンデュラン氏は価格が一段と下落するとの見通しを示した。中国や新興市場国の景気減速が背景だ。

原油価格が下がると、原油取引に乗っかった原油デリバティブ市場が崩壊する。米国1％の金融機関は、どこの企業も自社の金融資産の最大60倍ものデリバティブ商品を発行している。例えば、JPモルガンは、総資産250兆ドルだが、6800兆円の原油デリバティブ取引がある。世界の投資銀行の原油デリバティブの総取引量は7京円にも達するという。原油安が亢進《こうしん》すれば、これが丸ごと吹っ飛ぶ。いかに巨大企業といえども、耐えられるわけがない。

米国は、世界一の産油国である。サウジアラビアよりも産出量は多い。ただし、シェールガスを計算に入れての話である。

シェールガスの生産で、米国経済は息を吹き返すと内外に喧伝した。世界中から、資金

が集まった。だが、そんなに将来性があるなら、なぜ、もっと前にシェールガスを開発しなかったのか？　環境破壊があるから手を付けなかっただって？　それは言い訳である。もともと有望性などないのだ。

シェールガスは、大量の高圧水を注入してガスを地中から追い出す採掘法だが、最初の2年間は勢いよく産出する。その後は、急激に産出量が減る。それが分かっていたから、今まで手を出さなかったのだ。つまり、採算割れすると分かっていながら、世界の金持ちを騙して金集めをするのが目的だったのだ。さすが、詐欺師集団の米国1％である。「和牛商法」の米国版ということだ。そしてもちろん、高圧水使用による環境汚染と地震の発生という「特典」もついてくる。

地中に大量の水を注入すると、地震が起きる。プレート・テクトニクス理論以外の原理で、地震が起こりうるのだ。

ちなみに、311東北大地震は、東北沖の太平洋の海溝の海底で核爆弾を爆発させ、地殻に亀裂を作って海水を流入させた結果起きた人工地震である。地殻の深いところに海水が到達したことによって、マントルから発生する高い圧力と温度により核融合反応が起こされたのだ。誰の仕業か？　もちろん、米国1％である。詳しくは、後述する。

1バレル40ドルを切ると、このシェールガス詐欺商売が採算割れする。というか、既に採算割れしているが、ゼロ金利政策のため、表面化していないのだ。今後、米ＦＲＢが金利上げに踏み切れば、シェールガス企業はたちまち破綻する。

シェールガス企業が倒産するだけではない。シェールガス関連金融商品が、つまり、デリバティブが破綻する。これも原油デリバティブ同様に、とんでもない巨額なものだ。

原油価格はもう上がらない、20ドル台まで下落も＝中原元日銀委員

http://jp.reuters.com/article/topNews/idJPKBN0KF0RG20150106/

シェールガス・オイルバブルの完全崩壊です。原油先物は、証券化されてあらゆる金融商品に含まれます。サブプライムの時と同じ状況です。先ず、米銀大手に火が付くでしょう。そして、シェール石油会社です。借り入れのある油井は、赤字でも返済のために操業を続けざるを得ない。破綻が続けば、不良債権の山となるのは時間の問題です。

さて、米国1％は、原油価格を吊り上げて、難局を乗り切りたい。どうしたら、原油価格は上昇するか？

中東の産油国の周辺で戦争が起き、石油の生産が阻害されれば、原油は高くなる。戦争の危機が迫るだけでも原油の値段が上がる。現に、ロシアの爆撃機をトルコ空軍が、シリア領内で撃墜したところ、原油価格は2ドル急上昇した。「地政学リスク」が価格を押し上げたのだ。

NY原油、2週間ぶり高値　地政学リスクで終値42ドル台
http://www.47news.jp/CN/201511/CN2015112501000811.html

911自作自演テロを口実にして、米国1%はイラクとアフガニスタンで戦争を遂行した。そして、今、パリ惨事を口実にして、ISIS掃討を標榜したハチャメチャな中東戦争を企んではいないか？

パリ惨事の背後にイスラエルが見え隠れしている。ISIS相手の戦争のはずが、産油国を巻き込んで拡大すれば、原油の生産や流通に支障が起き、原油価格を上昇させせられるのではないか？　そして、長期の戦争になれば、世界の余り金は、安全を求めて米国債買いに向かっていくと目論《もくろ》んでいないか？

「有事に強い米国債に買い手が殺到する」という法則はまだ通用するのか？　米国の国家デフォルトを回避するため、戦争を捏造《ねつぞう》しようと企んでいるのか。

だが、この法則はもう通用しないのではないか。有事には、日本円が買われる時代である。311地震のときには、専門家の予想に反して円高になったのだ。

イラクでＩＳＩＳが軍事活動を拡大した結果、確かに原油価格は高騰した。米軍のシリア介入でもそうだった。だが、その手口を使うであろうと世界中の人々が待ち受けている今、米国１％の思惑通り、戦争を捏造できるであろうか？　ロシアが米国１％を小馬鹿にしながら戦争惹起《じゃっき》の邪魔をする。戦争の口実であるＩＳＩＳの存在自体を、ロシアが空爆や地上軍投入で消し去ってしまう。

プーチン氏は、米国１％が、原油価格高騰を狙った戦争を拡大する機会を奪ってしまっているのだ。

戦争惹起といった目論見があったとしても、ロシアのプーチン氏は、米国１％の思惑など先刻承知であろう。対ＩＳＩＳ作戦の主導権をロシアとフランスで握ってしまおうとしている。フランスとの共同作戦を遂行している。そして、ＥＵにも参加を呼び掛けている。シオニスト、そして、米国１％からヨーロッパを引き離そうとしている。

米国１％は、脅しテロをやった結果、ヨーロッパのユダヤ離れを促進してしまったのだろうか。であれば、間抜けとしか言いようがない。

フランスとロシアがＩＳＩＳ空爆強化へ連携、ＥＵにも協力要請
対ＩＳＩＳ同盟軍として海軍と空軍の合同作戦を展開

２０１５年11月18日
http://www.newsweekjapan.jp/stories/world/2015/11/ISIS-22.php

フランスとロシアは17日、シリアにある過激派組織「イスラム国」の拠点を空爆した。13日のパリ同時多発攻撃と10月のロシア旅客機墜落に関与したイスラム国への報復が目的で、両国はさらなる攻撃強化に向けて連携に動いている。

ロシア大統領府はこの日、10月31日にエジプト・シナイ半島で起きたロシア旅客機墜落について、爆発物が原因で墜落したと発表。プーチン大統領は犯人を捜し出すとともに、イスラム国への空爆を強化すると表明。


米国１％は、パリ惨事を秘密裏に引き起こしたが、結果的にフランスにＩＳＩＳ攻撃の主導権を与えてしまった。そこにプーチン氏が割り込んでロシアとの連携が始まった。結局、軍事面で、ロシアとフランス、ロシアとＥＵの絆《きずな》を強化してしまっただけではないか。ロシアと接近したオランド政権を恫喝するつもりが、逆に、ロシアとフランスをさらに近い関係に導いてしまった。さすが、何をやってもドジばかりの米国１％である。

ロシア・フランス連合軍が、ＩＳＩＳを殲滅《せんめつ》してしまえば、米国１％に、中東で騒乱を拡大する口実はなくなる。プーチン氏の頭の冴えが目に見えるようである。

さて、次のテロの標的はどこであろうか？　英国ではないだろうか？　シオニストの盟友キャメロン首相が権力にある間は、テロは起きないかもしれない。だが、英労働党の新党首ジェレミー・コービン氏が政権を握ると、さっそく、テロがお見舞いされるかもしれない。

コービン氏は2015年9月、初回投票で59・5%を得票し、労働党党首に選ばれた。おそらく、シオニストとはあまり縁のない政治家であろう。コービン氏のもと、労働党が国民目線の政策を打ち出せば、次の選挙では大勝して政権を奪取するかもしれない。そうなれば、シオニストとは真逆の政策をとる。「人々のための量的金融緩和政策」「インフラ投資の国立投資銀行設置」「福祉削減案撤廃」「大学の無料化」などであり、その財源は「企業優遇分を融通」などなどである。コービン労働党政権発足とともにテロの嵐が吹き荒れるのであろうか？

第2章

ISISとは何か？

ＩＳＩＳとユダヤ人

さて、そろそろ、ＩＳＩＳなる組織に目を向けてみよう。

パリの連続テロの犯行声明を、ＩＳＩＳなる「イスラム過激派」組織が出した。そもそも、ＩＳＩＳとは何なのか？　シリアの反政府軍が行方不明になったと思ったら、やにわに出現したのがＩＳＩＳである。日本では「イスラム国」と呼ばれたりする。「ＩＳ」と短縮形で呼ばれることもある。彼らはイスラム教に依拠した新たな国を中東に建設しようというのか？

世界のＹ新聞から知る限りはそう言うことであろう。だが、実態は、全く異なるものだ。Ｙ新聞は、ＩＳＩＳの本質には一切触れずに、読者を意図的に欺いている。

ＩＳＩＳのリーダーとしてよくメディアに取り上げられるのが、バグダディなる人物だ。何も知らない人たちは、このイスラムの悪漢に怒りをぶつける。だが、この人物が、実は米国１％の手先であると早くから指摘がされてきたのだ。バグダディは偽名であり、本名はサイモン・エリオットなるユダヤ人だというのだ。俄かには信じがたい情報だ。

しかし、内閣官房参与の飯島勲氏は、テレビ番組ではっきりと発言した。「ＩＳＩＳの指導者のバグダディは、サイモン・エリオットというユダヤ人だ」と。

飯島勲参与「バグダディはユダヤ系だから……」安部首相のイスラエル国旗前の演説について

https://m.youtube.com/watch?v=muqsgERWp08

実際、バグダディは、米有力ネオコン政治家であるジョン・マケインと一緒に撮影されるなど、偽テロリストとみなされる情報に枚挙のいとまがないのだ。

イスラム国の指導者バグダディはユダヤ人で本名がサイモン・エリオットでモサドの工作員。マケイン上院議員と一緒に写っている証拠写真

http://ameblo.jp/don1110/entry-11981018829.html

Senator John McCain with ISIS Chief Abu Bakr Al-Baghdadi (circled left) and terrorist Muahmmad Noor (circled right).

イスラム過激派の頭目のはずが、ユダヤ人でモサド工作員なのだ。そんな馬鹿な話があるか！　だが、それが現実なのだ。

ＩＳＩＳとは、端的に言うと、米国１%とイスラエルが贋造《がんぞう》した偽イスラム過激派であり、好待遇につられて世界中から集まった傭兵《ようへい》の集まりなのだ。バグダディは空爆で負傷し、イスラエルの病院で治療を受けたと報じられている。ＩＳＩＳ軍が基地を捨てて逃走した後には、米国製の武器が山のように残されていたという。

ＣＮＮ「米国務省でＩＳＩＳのメンバーが訓練」

２０１５年5月31日

http://japanese.irib.ir/iraq/item/55161

ＣＮＮが、インターネット上に公開した最新の動画の中で、ＩＳＩＳのメンバーの一人であるタジキスタン人のグルムロド・ハリモフは、3回に渡りアメリカ国内で行われた訓練を受け、このうちの一回はルイジアナ州で実施されたことを明らかにしました。ＣＮＮによりますと、アメリカ国務省はこの主張を認めているということです。

http://japanese.irib.ir/news/latest-news/item/

テロ組織ＩＳＩＳの指導者が、イスラエルで治療

テロ組織ＩＳＩＳの首領アルバグダディ師が、イラクとシリアの国境付近の町カイムへの空爆で負傷し、治療のためイスラエルに渡航しました。イラクの通信社アルヤウム・アルサーメンによると、ＩＳＩＳの一団が占領地ゴラン高原へ行き、そこからイスラエルに入ったところが目撃されているということです。ドイツの諜報機関に属するある関係者は、「アルバグダディは、国境付近におけるＩＳＩＳのリーダーの一行への空爆で重傷を負った」と語りました。アルバグダディ師は、ゴラン高原地帯に入るとともに、

マスコミ報道に惑わされている皆様へ　パリ同時多発テロ
ISは米国子飼いのテロ集団！

サイモン・エリオット（ユダヤ人）
米国共和党上院議員
ジョン・マケイン氏と
リチャード・コシミズ　検索

ＩＳ指導者の本名はユダヤ人＝サイモン・エリオット

LIVE

重大発言をした内閣特別参与

マケインとＩＳ指導者のニコニコ記念写真

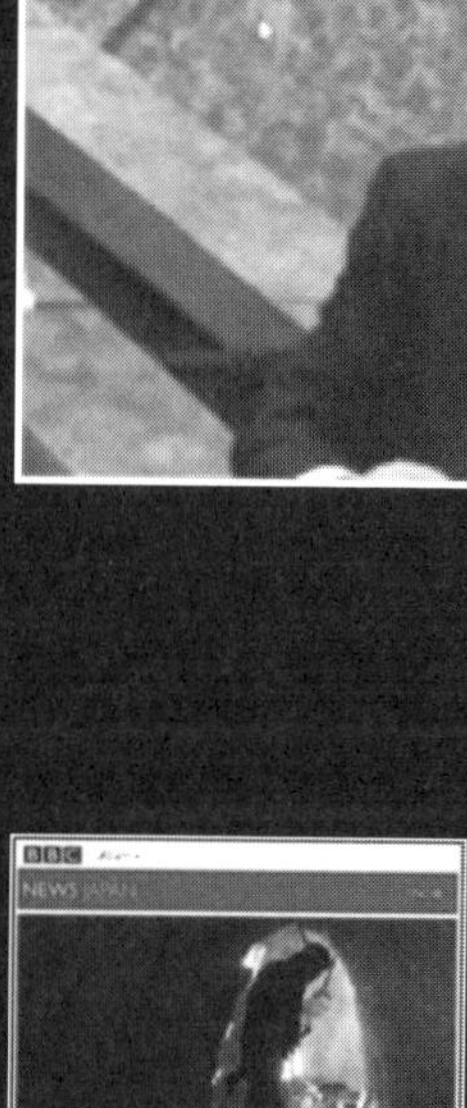

BBC
NEWS JAPAN
ISの地下壕を発見　アメリカ製弾薬の箱
この記事を共有する
トップ記事

米国製武器が山のように

アブー・バクル・アル＝バグダーディー

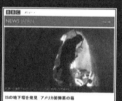

イラク軍と対ＩＳＩＳ有志連合軍の戦闘機の標的から外れた地域で治療を受けています。フランスの新聞ル・モンドも、「カイムへの戦闘機の攻撃で、ＩＳＩＳのリーダーの一団が標的にされたが、その中にはアルバグダディも含まれていた」と報じています。

ＩＳの地下壕を発見　アメリカ製弾薬の箱（ＢＢＣ）

http://www.bbc.com/japanese/video-34941072

２０１５年11月27日

今月、過激派組織「イスラム国」（ＩＳ）の主要な拠点となっていたイラク北部のシンジャールがクルド人治安部隊に奪還され、ＩＳが築いた地下壕が発見された。地下壕には食料などのほか、アメリカ製弾薬の箱も残されていた。

ＩＳＩＳ兵を捕虜にしてみたら、イスラエル軍の大佐が混じっていたという。米国のジャーナリストは、米国で逮捕されたＩＳＩＳ兵士の多くがアメリカ人だといっている。

捕虜になったＩＳＩＳの兵隊のなかに、イスラエル軍の大佐がまじっている

Israeli Army Colonel Captured in Iraq along ISIS Militants By GPD on November 3, 2015

http://www.veteranstoday.com/2015/11/03/israeli-army-colonel-captured-in-iraq-along-ISIS-militants/

アメリカ政治評論家「逮捕されたＩＳＩＳメンバーの多くがアメリカ人」

http://japanese.irib.ir/news/latest-news/item/60031

アメリカの政治評論家、ドン・デバール氏が、「逮捕されたＩＳＩＳのメンバーの多くがアメリカ人であることに驚くべきではない」と語りました。ドン・デバール氏は、21日土曜、プレスＴＶのインタビューで、「シリアで戦い、アメリカで逮捕されたＩＳＩＳのメンバーの多くが、この国の市民であることを否定したり、それに驚いたりすべきではない」と語りました。また、これまで、アメリカで取り調べを受けたＩＳＩＳのメンバーの誰一人として、シリア人ではなかったと強調し、「アメリカは、この国にテログループを作り、戦いのために他国に派遣している。彼らが祖国に帰るのは明らかだ」としました。さらに、「アメリカの非通常の戦術戦争は、他国への影響力を高めるためのものだ」と強調しました。最近の調査により、アメリカのＩＳＩＳの容疑者の中にシリア市民はいなかったことが分かっています。アメリカ・ニューヨーク州にあるフォーダム大学の国家安全保障センターは、今週、ＩＳＩＳの容疑者の多くがアメリカ人だと発表しました。統計によれば、ＩＳＩＳとの関連が疑われてアメリカで逮捕された68人のうち、外国人だったのは３人のみで、シリア人は一人もいなかったということです。

これらの逮捕者が信仰する「宗教」をぜひ知りたいものである。おそらく、ユダヤ教であろう。

米・豪のＩＳＩＳメンバーはユダヤ人

http://blog.livedoor.jp/wisdomkeeper/archives/51974159.html

ＦＢＩがアメリカのＩＳＩＳメンバーを逮捕したようです。ＦＢＩによると、フロリダ州で逮捕したＩＳＩＳテロリストはオーストラリアのイスラム系難民だとネットで言いふらしていましたが、実際はユダヤ系アメリカ人だったことが分かりました。

イスラム国にモサド（イスラエルの秘密警察）の影

http://www.yourepeat.com/watch/?v=529u9sljqXA&start_at=888&end_at=1353

ジャーナリストのベンジャミン・フルフォード氏は、ＩＳＩＳの本拠地はアメリカとイスラエルにあると言っている。

「ＩＳＩＳの本部はアリゾナ州にある。エルサレムにも施設がある」

http://youtu.be/VVD4-WHuxk4?t=10m36s

そして、プーチンのロシアもＩＳＩＳの正体をとっくに知っている。イスラム教徒にＩ

ＳＩＳは米・イスラエルの傀儡だと分からせようと、努力している。

ロシアが中東各地で「ＩＳＩＳのテロを裏で操っているのは、アメリカとイスラエル」と書いたビラを空からまいている、という情報がベテランズ・トゥデイのサイトに掲載されています。

http://www.veteranstoday.com/2015/10/10/russian-leaflets-citＥＵs-and-israel-as-real-ISIS-backers/

ロシアの声にイスラム国リーダー「米国から財政支援を受けた」と暴露

http://japanese.ruvr.ru/news/2015_01_29/282535273/

イランのアーモリー・ラーリージャーニー司法府長官などは、米欧がＩＳＩＳの創設に関与し、資金や政治面で支援していると断言している。つまり、米欧のシオニストのことを言っているのだ。同じくイランの外交官は、「西側諸国で公開された資料により、ＩＳＩＳやその他のテロ組織の主な支援者はアメリカ、シオニスト政権、サウジアラビアであるという結論に達した」「こうした資料に注目すると、イスラエルがテログループを支援していることは完全に明らかである」とまで言及している。

その通りなのだ。ＩＳＩＳの実態は、「Islaelli Secret Intelligence Service」なのであ

る。イスラム教徒ともイスラム過激派とも何ら関係のない組織である。末端にイスラム教徒がいたとしても、シオニストに騙《だま》されて使役されているだけの存在なのだ。

米国CNNが放映した「ISIS兵士のトレーニング風景」なる映像がある。兵士たちが厳しい訓練を受けている背後にテントが張ってある。よく見ると「U．S．」と印字されている。米軍のテントなのだ。

イラン司法府長官「欧米がISISの創設に関与」

http://japanese.irib.ir/news/latest-news/item/59821

イランのアーモリー・ラーリージャーニー司法府長官が、「すべての人が、アメリカ、ヨーロッパ、一部の地域諸国がISISの創設に関与し、それを資金や政治面で支援していることを知っている」と語りました。

ISISはイスラエルとアメリカのシンクタンクで誕生

http://japanese.irib.ir/iraq/item/59921

レバノン駐在のダストマールチヤーン前大使が、ISISをはじめとするテログループは、アメリカやシオニスト政権イスラエルのシンクタンクで生み出されたとしました。

ダストマールチヤーン前大使は、イランの17日火曜付けの新聞ゴッツのインタビューで、「ISISは、地域諸国で情勢不安を引き起こし、この情勢不安がイスラエルのためになるよう、アメリカやイスラエルのシンクタンクで生み出されている」と語りました。また、「イスラエルと西側は、イスラエルへの対抗の矛先をイスラム諸国内に向けさせ、イスラム教徒が互いを殺し合うよう企んでいた」としました。さらに、「世界は、西側諸国で公開された資料により、ＩＳＩＳやその他のテロ組織の主な支援者はアメリカ、シオニスト政権、サウジアラビアであるという結論に達した」と語りました。ダストマールチャーン前大使は、「こうした資料に注目すると、イスラエルがテログループを支援していることは完全に明らかである」と述べました。

もう、このくらいで十分であろう。ＩＳＩＳは、米国1％とイスラエルが捏造した偽テロリスト集団であり、背後にはシオニスト勢力がいる。シオニストは、ＩＳＩＳの存在を口実に、中東に介入して戦争を拡大しようとしている。

ISISと日本

さて、日本人二人がＩＳＩＳに捕まって、首をはねられたことになっている。だが、筆者らは、このまことしやかな話を頭から信用していない。後藤さんなる人物は、元デリバリーヘルスの経営者で、両親とも朝鮮半島の出自であると伝わってきた。もう一人の湯川遥菜氏は、源氏名なのか芸名なのか分からないが、女性と見まごう風貌である。元ガンシヨップのオーナーで、男根を自ら切断して自殺しようとした過去があるという。日本の似非右翼界の巨頭、田母神氏とも親交があるらしい。どうも、二人とも、どこか正体不明な部分がある。

殺害映像については、CG画像ではないかと指摘する声も多い。スタジオで撮影した殺害シーンに砂漠の背景を合成したものと疑われている。「撮影現場」のスタジオの写真も出回っている。真贋のほどは不明だが。

イスラム国邦人人質：公表した映像は加工、合成の疑い

2015年1月12日　　http://mainichi.jp/select/news/20150121k0000m040143000c.html

イスラム教過激派組織「イスラム国」とみられるグループが公表したビデオ映像は合成、加工された疑いがあることが20日、分かった。映像を分析した日本政府関係者が明らかにした。映像には、日本人とみられる男性2人と黒い覆面をかぶりナイフを持った人物の計3人が写っているが、関係者によると、男性2人の影の映り方が不自然という。フリージャーナリスト後藤健二さん（47）の可能性がある男性は、左半身側に影が映っているのに対し、湯川遥菜さん（42）とされる男性は、右半身側に影があるように見える。

ＩＳＩＳの首切り映像が、フェイクなら、その分野の世界最高峰の技術は、ハリウッドの映画関係者が保有している。つまり、ユダヤ人たちだ。ＩＳＩＳとシオニストの関係が露呈している今、フェイクである可能性が高いと考える。

そして、日米の首脳が、殺害の事実を確かめるでもなく、事実であると表明した。「日本人がＩＳＩＳの犠牲になった」と、日本国民に認知させたかったのであろう。そして、安倍晋三は、すぐさま、自衛隊の海外派遣を口にする。この事件を利用して、米国１％とその傀儡の安倍晋三が、日本を国際紛争の当事者に仕立て上げようとしているのだ。安倍政権が強行可決した「安保法案」の目的は、米国１％の戦争に自衛隊を「第二米軍」として引き込むためなのだ。

後藤さん殺害でオバマ大統領が非難声明　異例の早さ「日本と結束しＩＳＩＬ壊滅に断固とした行動をとる」

２０１５年２月１日　http://www3.nhk.or.jp/news/html/20150201/k10015121531000.html

安倍首相「画像信憑性高い」＝後藤さん解放に全力、政府、ヨルダンと連携

時事通信　２０１５年１月25日

http://www.jiji.com/jc/isk?g=isk&k=2015012500070&rel=top01

過激組織「イスラム国」とみられるグループによる日本人2人の人質事件で、安倍晋三首相は25日のNHK番組で湯川遥菜さん（42）が殺害されたとされる画像について、「信憑性は高いと言わざるを得ない」との認識を示した。（以下略）

人質殺害を口実に…安倍首相がNHKで「自衛隊派遣」を示唆（日刊ゲンダイ）

http://www.nikkan-gendai.com/articles/view/news/156705

「最悪の事態」がとうとう現実となった。過激組織「イスラム国」による日本人人質殺害事件。こうなったのも、安倍首相が外遊先のカイロで、能天気ヅラして「イスラム国対策にカネを出す」と〝宣戦布告〟したのが原因だ。安倍首相は、イスラム国側から「アベ、おまえがハルナを殺した」と名指しされ、さぞ自責の念に駆られているのだろうと思ったら違った。「反省」どころか、今回のテロ殺害事件を安全保障や集団的自衛権の法改正問題と結び付けて〝政治利用〟しようとしているから許し難い。「この（テロ殺害事件）ように海外で邦人が危害に遭ったとき、自衛隊が救出できるための法整備をしっかりする」――。25日、NHKの日曜討論に出演した安倍首相。26日開会の通常国会で、安全保障と集団的自衛権の関連法案の成立に向けた意気込みを問われた際、こう強調していた。（以下略）

そして、国家公安委員長（当時）の山谷某が「日本国内にＩＳＩＳの支持者がいる」と国会で答弁した。山谷といえば、日本におけるＣＩＡの出先機関である統一教会と直結し、安倍晋三の支持母体である「在日部落マイノリティー似非右翼」とも近い人物だ。つまり、米国１％の正真正銘の手先である。この女性代議士が、こんな警鐘を鳴らしたというのは、日本でＩＳＩＳを偽装したテロを米国１％が実行する計画があるということだ。断固阻止するが。安倍晋三の主導による新幹線テロ、航空機テロ、皇室テロが危惧される。

「国内にイスラム国支持者」＝山谷国家公安委員長が答弁

時事通信2015年2月4日　　http://news.yahoo.co.jp/pickup/6148506

山谷えり子国家公安委員長は4日の衆院予算委員会で、過激組織「イスラム国」が後藤健二さんらを殺害したとみられる事件に関し、「(イスラム国）関係者と連絡を取っていると称する者や、インターネット上で支持を表明する者が国内に所在している」と述べ、警察庁で関連情報の収集・分析を進めていることを明らかにした。平沢勝栄氏（自民）への答弁。

そして、ＩＳＩＳの背後の黒幕、イスラエルのネタニヤフが、日本もテロに巻き込まれると恫喝する。裏社会が結束して、日本人を米国１％の侵略戦争に引っ張り込もうとしているのだ。

ネタニヤフ氏「日本もテロに巻き込まれる恐れ」
２０１５年1月19日http://www.yomiuri.co.jp/politics/20150119-OYT1T50039.html
安倍首相は18日午後（日本時間19日未明）、イスラエル・エルサレムで同国のネタニヤフ首相と会談した。両首相は、ユダヤ人の犠牲者も出たフランスの連続銃撃テロ事件を厳しく非難した上で、テロ対策で連携を強化する方針で一致した。安倍首相は、イスラエルとパレスチナによる中東和平交渉の早期再開をネタニヤフ氏に呼びかけた。安倍首相は「卑劣なテロは、いかなる理由でも許されない。国際社会と緊密に協力し、テロとの戦いに引き続き取り組む」と表明した。ネタニヤフ氏は「世界的にテロの動きに直面している。日本も巻き込まれる可能性があり、注意しなければいけない」と述べた。
（以下略）

さて、日本もやらせテロに巻き込まれるとなると逃げ場がない。どこへ逃げたら、身を守れるか？

ＩＳＩＳの攻撃対象とならない安全な国があります。イスラエルです。
http://richardkoshimizu.at.webry.info/201502/article_56.html

後藤氏も湯川氏も本当に殺されたのか？「在日」「右翼」「同性愛」は、日本の裏社会の象徴である。裏社会から「日本の軍事国家化」を促進するために雇われたダミーではないのか？「殺害劇映画」に出演するだけで、大金を手に入れられるとしたら……。

ＩＳＩＳが日本政府に要求した二人の人質の身代金は、２億ドルという途方もない金額であったが、一方、後藤さんが加入していた英国の「誘拐保険」は、最大保障額５００万ドル（約5億９０００万円）が支払われる種類のものだったという。出国前に、後藤さんはＴＢＳの番組で「保険会社に入っていれば（身代金を）カバーしてもらえる。私も入ってます、１日10万円くらいで」と語っている。掛け金は計80万円だった。最高クラスの保険だったという。もし、「偽誘拐猿芝居」であり、自分は安全だと知っていたなら、喜んで80万円を負担するであろう。お二人とも、お金にお困りだった節がある。真偽は不明ではあるが……。

「イスラム国（ＩＳ）」支配地域（シリア北部）でスパイ容疑で拘束され安否不明になっている「民間軍事会社」代表の日本人男性、湯川遥菜氏の前名が湯川正行氏であり、千葉・幕張にあった「ミリタリーショップ日高屋」の経営者だったことが判明した。

(http://web.archive.org/web/20041109054940/http://www.hidakaya-int.jp/co/index.html)

この店は、1997年の創業でサバイバルゲーム関係ではかなり知られた店だったが、経営不振になり2004年頃に閉店（経営権譲渡）している。

大イスラエル帝国

では、シオニストたちは、ISISを使って、何を達成しようとしているのか？　最終目的は何か？　ISISが中東に「イスラム国」を建設しようとしている。それが成功した暁には、イスラム国が「別物」に作り替えられるのだ。「大イスラエル帝国」にである。

筆者の10年以上前の文書を参考にされたい。

シオニスト・ユダヤ人たちが、今、着々と進めている大イスラエル帝国の建設

http://www15.ocn.ne.jp/~oyakodon/newversion/zionist.htm

アフガン侵攻の目的は、ロックフェラーが支配する石油と麻薬という二つの産業の利権を奪い取ることであると同時に、アシュケナジ・ユダヤ人のための「ユダヤの故地、ハザール汗国の旧領土の奪還」でもあったのです。一方で、イラクの侵略は、世界最大の埋蔵量が期待されるイラクの石油をロックフェラーが奪取すること以外に、もうひとつ、実現すればシオニスト・ユダヤ人全体が狂喜乱舞する目的がありました。それは、聖書の予言の実現であり、大イスラエルの建設なのです。

米CNNニュースで「米国製テント」とはっきり確認できる

田母神氏と湯川氏

公表された映像は合成されたのか

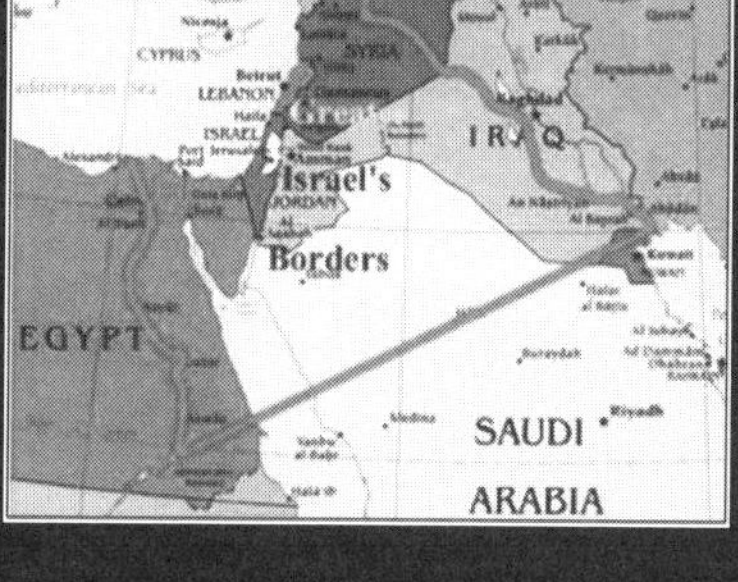

大イスラエル構想が描く近未来地図

旧約聖書の創世記にこんな記述があります。
Genesis 15 18 : On that day the LORD made a covenant with Abram and said, "To your descendants I give this land, from the river of Egypt to the great river, the euphrates--
(エジプトの川、つまりナイル川から、ユーフラテス川までをユダヤ人に与える。そう、神がユダヤと契約した)。
聖書には、ユダヤが中東に広大な帝国を建設すると予言されているのです。狂信的なユダヤ教徒、つまり、シオニストは、聖書の予言の実現に血道を上げます。ユーフラテス川とは、イラクの中ほどを流れる大河です。今、その大河の周辺にユダヤ人が群がっています。相場の3倍の高値で、北部イラクの土地を買い漁っています。イラク侵略戦争後、アメリカの送り込んだ暫定占領当局が最初に行った改革は、「イラクの土地を外国人が購入することができる」ようにすることでした。ユダヤ人のために。

ＩＳＩＳを捏造したシオニストの究極の目標は、大イスラエル帝国の建設、旧約聖書の記載の実現なのだ。だから、カルト的な執着心をもって、強引に事を成そうとしている。その前に大きく立ちはだかったのが、プーチン氏なのである。

第3章 パリ惨事を呼び込んだ米国の凋落

BRICSとAIIBの脅威

パリの惨事の背後には「米国1%の凋落」がある。ロックフェラー一族を頂点とする米国の支配階級が覇権を失おうとしているのだ。

米国は、長い間、世界唯一の超大国として世界に君臨してきた。その主導権を握ってきたのが、ロックフェラーたちのユダヤ金融資本だった。

だが、製造業をおろそかにし、金融工学なる数字遊びにうつつを抜かしてきた結果、追いつめられ、911内部犯行を引き起こした。金融破綻を誤魔化すためにビン・ラディンに罪を擦《なす》りつけておいて、911と何の関わりもないイラクとアフガニスタンを侵略した。イラクの原油を横取りし、アフガンでは、タリバン政権が禁止したアヘンの生産を再開させ、さらに急拡大させた。原油市場の支配権を掌握し、麻薬の利潤を独占することで挽回を図ったのだ。

しかし、彼らの積み上げた天文学的な負債は、一朝一夕には消し去ることはできない。結局、リーマンショックの発生を避けることができなかった。そして、大打撃を受けた。ロックフェラーたちの金融工学は見事に破綻したのだ。米国政府にユダヤ金融資本の負債を肩代わりさせて、彼らは一息ついた。

だが、それも一時しのぎにすぎない。もはや、限界だ。米国ユダヤの凋落の一方で、中国とロシアが経済的に急速に台頭してきた。中露、ブラジル、インドなどが参画するＢＲＩＣＳ（ブリックス）が影響力を増してきた。そして、中国とロシアが主導するアジア・インフラ投資銀行（ＡＩＩＢ）が設立される運びとなる。明らかに米欧の世界支配構造に影が差してきた。米ドルの権威が失墜する。

ＢＲＩＣＳ銀行が上海に、初代総裁はインドから選出

日本経済新聞　２０１４年7月16日

http://www.nikkei.com/article/DGXNASGM1600W_W4A710C1MM0000/

新興5カ国（ブラジル、ロシア、インド、中国、南アフリカ）がつくるＢＲＩＣＳは15日、ブラジル北東部フォルタレザで首脳会議を開き、「新開発銀行」（ＢＲＩＣＳ開発銀行）の創設で正式に合意した。焦点だった本部の場所は中国・上海に決まり、初代総裁はインドから選ぶ。新興国の独自の開発銀行創設で、米欧が主導する国際金融体制に対抗する。

ＢＲＩＣＳ銀行の創設は、米国１％の主導するＩＭＦ（国際通貨基金）の立場を危うくする。経済破綻した国家にＩＭＦが救済に入るが、その国の政府や国民を救済するのでは

ない。その国に融資をしている外国金融機関が抱えている不良債権を買い取るだけだ。つまり、救済されるのは、米国1％に連なるユダヤ金融資本なのだ。「ＩＭＦのやり方は、破綻した国に『改善』を求めるふりをしつつ民営化を要求し、米欧企業が買収で儲ける『新植民地主義』のやり方だ」ということなのだ。

田中宇氏ブログ抜粋

ＢＲＩＣＳ開発銀行は、従来の世界体制を終わりにする可能性を持っている。ＢＲＩＣＳは、自分ら自身が以前の発展途上諸国として、米英から支配や嫌がらせを受けてきた。投機筋の動きなどによって経済危機に陥った途上諸国が、厳しい条件を出すＩＭＦと、条件が甘いＢＲＩＣＳ開発銀行のどちらかに頼るとしたら、ＩＭＦでなくＢＲＩＣＳに救済してもらうだろう。「そんなことをしたら、野放図な経済運営をして経済破綻した国が、何の改善も求められずに救済され、野放図が改まらない」と、既存のＩＭＦ体制の支持者たちは言う。しかしＩＭＦのやり方は、破綻した国に「改善」を求めるふりをしつつ民営化を要求し、米欧企業が買収で儲ける「新植民地主義」のやり方だ。日本は、米国に次ぐＩＭＦの出資国だが、米英に従属する国是なので、ＩＭＦの新植民地主義に対して見て見ぬふりをしてきた。

ＢＲＩＣＳは途上諸国に対して慈善事業をやろうとしているかといえば、そうでもない。

ＩＭＦでなくＢＲＩＣＳに頼って救済してもらった途上諸国は、その後、ＢＲＩＣＳ諸国の国営企業との経済関係を強化するだろう。「北風と太陽」の寓話の構図で、無理に民営化を迫るより、表向き何も条件をつけずに金を貸す方が、長期的には得になる。

欧州のユダヤ勢力は、ＥＵの経済危機で、米国ユダヤよりも一足早く危機に直面していた。生き残りをかけて、中露に媚《こ》びへつらった。ＡＩＩＢに、西欧からは、まず最初に英国が参加を表明した。ユダヤ国家米国の長い間の盟友である英国が抜け駆けをして、中国の足元にひれ伏したのだ。米国ユダヤは狼狽《ろうばい》した。英国に続いて、フランスもドイツも米国を裏切った。気がつくと、米国と日本以外の主要国がすべて、ＡＩＩＢへの参加を決めていた。

米国の経済的惨状について、筆者は、２０１2年12月に刊行した自費出版本『世界の闇を語る父と子の会話集　特別編　日本独立宣言』にて解説している。中国との戦争が、米国経済の破綻を防ぐには不可欠であるとの分析をしている。２０１５年の今でも十分通用する分析であると自負している。一読されたい。

『世界の闇を語る父と子の会話集　特別編　日本独立宣言』リチャード・コシミズ著

米国は中国との大戦争を起こせない限り戦争経済による世界的ハイパーインフレを惹起

できない。戦争による超インフレで借金を思い切り圧縮してしまわない限り、99兆ドル、7900兆円の借金を抱える米国は国家デフォルトを避けられない。だから、日中戦争を阻止することにより、米国は国家破綻し、ドルは基軸通貨の座を失う。当然、世界経済は大混乱に陥り、日本も国家デフォルトないしはそれに近い疲弊を被る。つまり、敗戦である。当然、米国に貸しているカネ、官民で持っている米国債700兆円は紙くずとなる。尻も拭けない劣悪な紙だ。日本は過去の蓄積を失い、ゼロからやり直すしかない。だが、ゼロからやり直すのは日本人の得意分野だ。

1945年の敗戦から立ち上がった日本は驚異的なスピードと規模で戦前の日本を凌駕する国を作った。それをもう一度繰り返せばいい。ユダヤ権力が滅亡した後の自由な戦後を十分に謳歌すればいい。もう、ユダヤ人のやりたい放題の時代は去ったのだから。

さあ、日中戦争を止めよう。米国の破綻を待とう。破綻のあとの再生に備えよう。我々の家族と子孫の幸福のために。息子を戦場に送らないために。リチャード・コシミズでした。

ウクライナ暴力クーデター

あるタイミングで、中露の政治リーダーは、米国との決別を決意した。そして、米国を見捨てたのだ。どんなタイミングか？

まずは「旧ハザール汗国の再興をめぐる米国1％の暗闘」を知る必要がある。それに、なんと日本のオウム真理教が絡んでくるのだ。国際的、壮大なスケールの米国1％の謀略が分かれば、見えなかった世界の真の構造が見えてくる。

２０１４年2月、ロシアの隣国・ウクライナで暴力的なクーデターが起きた。ネオナチと呼ばれる右翼的な過激派が先頭になって、選挙で選ばれたヤヌコーヴィチ政権を暴力的に追放した。そして、２０１４年6月、大統領選挙を経て、元外相ペトロ・ポロシェンコが大統領に就任した。ロシアは、暴力クーデターで親露派のヤヌコーヴィチ政権が倒されたことに反発し、ウクライナ南部のクリミアの独立を支援した。ウクライナ東部のロシア系住民もウクライナからの分離独立運動を起こした。米国は、クリミアのロシア併合を非難しＥＵ諸国と協調してロシア制裁を発動した。世界のメディア、日本のメディアはロシアとプーチン氏を強く非難した。日本のＢ層の多くも、プーチン氏を悪者と思い込んだ。だが、本当の悪者は、他にいたのだ。

新大統領のポロシェンコは、ユダヤ系ウクライナ人である。だが、ウクライナ国民のほとんどは、その事実を知らない。ポロシェンコの父親は、アレクセイ・ワルツマンなるユダヤ人だが、「ワルツマン」というユダヤ丸出しの姓では、息子は、ウクライナ国民の支持を得られない。ユダヤ出自を隠すために、妻の姓をとってポロシェンコと改名したのだ。もっともアレクセイの妻もまた隠れユダヤ人であったのだが。つまり、その子であるペトロ・ポロシェンコは100%純正のユダヤ人なのである。

Ukraine Presidential Frontrunner Petro Poroshenko and His Secret Jewish Roots
Chocolate King's' Father Was Jew Who Took Wife's Name By Cnaan Lipshiz
http://m.forward.com/articles/198758/ukraine-presidential-frontrunner-petro-poroshenko/

ポロシェンコの素性を知らないウクライナ国民は、大統領選挙でユダヤ人を選んでしまった(米国1%が肩入れした不正選挙であった可能性も強いが)。知っていれば、彼は選ばれなかったはずだ。

ポロシェンコの前に、ウクライナの大統領になると目された女性がいた。長い間ウクライナにおける金融ユダヤの傀儡であった「とぐろ巻き金髪女」ユーリア・ティモシェンコは、「ユダヤ人」だと公に指摘されたため、ウクライナ人は彼女を支持しなかった。ウクライナ人は歴史的にユダヤ人に敵意を持っている。彼女は、早々に大統領候補のリストから外された。

そこで、ユダヤ人だとバレていないポロシェンコを当選させて傀儡とすることに決めたのである。ちなみに、ウクライナ人に多い見事な金髪を巻き髪にしたティモシェンコは、投獄されてかつらを脱いだ。そして、黒い毛髪を世間に晒した。ウクライナ風の髪型の金髪のかつらでウクライナ人を偽装していたのだ。

ポロシェンコは親の代から暗黒街とつながり、武器、売春、麻薬に関わって大富豪に成り上がった人物なのだ。チョコレート王、ポロシェンコを、資産16億ドル、世界で130番目に豊かなユダヤ人としてリストに載せたのは、米国の経済誌「フォーブス」だった。

ポロシェンコの背後には、確実にニューヨークの米国1%がいる。だから、ポロシェンコは、ロシアと対立を深めた。ポロシェンコ政権下のウクライナは、完璧に米国1%の属国となったのだ。

ペトロ・ポロシェンコが関わっていたもの、武器と売春と麻薬

Gregory KOLYADA　2014年5月24日

http://eigokiji.cocolog-nifty.com/blog/2014/05/post-76a3.html

次の日曜日のウクライナ大統領選挙に参加する人々がどれほど少数であろうと、結果は事前に分かっている――アメリカのお気に入り、ペトロ・ポロシェンコが大統領選の勝者として宣言されるだろう。結果はさらに国家分裂を推進するだろう。多くの地域は、政府の金を懐に入れたことで悪名の高いこのチョコレート王を大統領として認めることを拒否している。ポロシェンコは、ジョー・バイデン、ビクトリア・ヌーランドやジェ

フリー・パイアトから与えられたあらゆる命令を、たとえ几帳面に実行したとて、血みどろの紛争を止められる見込みはない。そもそも、流血の惨事を終わらせるという任務など、決してアメリカの親玉から与えられてはいないのだ。（後略）

ウクライナの大統領選挙の前に、おそらく、だれが大統領に選出されるかは決まっていた。黒幕は、ニューヨークの隠れユダヤ人たちだったのだ。

ウクライナ騒乱の黒幕はオバマ政権だった！

http://saigaijyouhou.com/blog-entry-1925.html

ウクライナ騒乱の黒幕はアメリカのオバマ政権だった、と思わせる証拠の通話記録がでてきました。オバマ政権で、重要な位置にいるヌーランド国務長官補とパイエト駐ウクライナ大使の通話記録がユーチューブに投稿されています。その中でウクライナ政府指導者などをアメリカ側が事前に選出していたそうです。

ヌーランド国務長官補とパイエト大使の会話

ウクライナの綱引き　EUから米国へ（ビデオ）

http://japanese.ruvr.ru/2014_02_07/128416921/

一つ前の「Gregory KOLYADA」の記事に出てくる米国の黒幕のうち二人の名前が通話記録に出てきているのだ。ヌーランド国務長官補とパイエト駐ウクライナ大使が、ウクライナの暴力クーデターの当事者だった。現行のウクライナ政府は、米国1%の「捏造作品」なのだ。

プーチン大統領：ウクライナ危機の背後の「人形使い」は米国

http://japanese.ruvr.ru/news/2015_03_15/283343143/

ロシアは当初から、ウクライナのクーデターの背後の「人形使い」が米国であることを知っていた。欧州はウクライナの反体制派をただ形式的に支援しただけだった。ロシアのプーチン大統領が「ロシア1」テレビのドキュメンタリー「クリミア、祖国への道」で述べた。「形式的には、反体制派を支援したのは第一に、欧州であった。しかし、我々は実によく知っていた。あとから理屈付けしたのでない、ちゃんと知っていたのだ。真の人形使いは米国にいる我々のパートナーたち、友人たちであったと。彼らこそがナショナリストらを訓練し、彼らこそが戦闘部隊を養成したのだ」とプーチン大統領。

なぜ、米国1%が、軍事クーデターまがいのことをやったのか？　それが、米国1%にとって積年の野望だったからだ。

14世紀まで、ウクライナ全域、グルジア、そして、モスクワ南部にわたる大帝国が存在した。ハザール汗国《かんこく》という。この国の宗教はユダヤ教であった。だが、ロシア帝国により消滅させられた。いわゆる、ハザール・ユダヤ人の父祖の地なのである。米国のキッシンジャーもアーミテージも、そして、イスラエルの歴代首相のすべてが、このハザール帝国の末裔のハザール人なのである。アメリカ合衆国の歴代大統領の多くも、実は、このハザールの血を引く隠れユダヤ人だったのだ。ルーズベルトもトルーマンもアイゼンハワーも。ブッシュもクリントンも。そして、オバマ現大統領すらも。

ハザール人は、失われた故国を取り戻すため、長年計画を練ってきた。計画の実行には、ロシアが大きな障壁になっていた。ウクライナの前政権は、ロシアに擦り寄った。米国1%は、大きな脅威を感じたはずだ。

ハザール汗国の再興を目論む米国1%は、それまでも「東欧の民主化運動」なるものをでっち上げ、東欧へのロシアの影響力を排除しようと腐心してきた。いわゆる「東欧カラー革命」である。2003年11月のグルジアのバラ革命に端を発し、2004年12月のウクライナのオレンジ革命、そして、2005年4月のキルギスのチューリップ革命と、立て続けに米国1%の肝いりの政府転覆劇が演じられた。主役はCIAとモサドである（CIAとモサドは一心同体であり、境界はない。ともにシオニスト・ユダヤ人のためにのみ

BRICSの台頭は米国凋落を象徴する

米国破綻を解説したRK本

「とぐろ巻き金髪女」ティモシェンコ

旧ハザール汗国の版図

働く）。そして、ウクライナのオレンジ革命の旗手が、前述のユダヤ人、「とぐろ巻き金髪女」ユーリア・ティモシェンコだったのだ。

米国1％にとって最大の強敵は、2000年に誕生したロシアのプーチン大統領である。プーチン氏はロシアのエネルギー政策を政府主導で行う方向に舵を切り、ユダヤ人の支配する新興財閥、オリガルヒを排除した。米国1％と連携する新興財閥グループの長、ホドルコフスキーを逮捕した。

プーチン氏のユダヤ金融資本排除の動きは、すなわち、ロシア、東欧からシオニスト勢力を追い出す決意の表れである。

だが、米国1％＝シオニストも手をこまねいてはいない。対抗措置をとる。米国のNGOを使って、東欧各国の民主化運動を扇動する。ビラや新聞の印刷のために輪転機まで提供する。各国のカラー革命に数千万ドルの援助をしている。黒幕は、ユダヤ人投資家、ジョージ・ソロスや、ジョン・マケイン上院議員だったのだ。

ハザール汗国とオウム真理教

旧ハザール汗国の版図《はんと》の北半分は、ロシア領内にある。東欧諸国で民主化運動の名を借りたユダヤ傀儡革命を起こしても、ロシア本国には手が出せない。だから、ロシア国内に民主化運動を「伝染」させ、政権を奪ってロシアのユダヤ化を図りたかったはずだ。そこで起用されたのが、日本のカルト宗教なのである。

日本人の多くは、ハザール人が故国の回復という壮大な目的のために、日本を利用しようとした事実を知らない。

オウム真理教がロシアで急速に勢力を伸ばした。1992年9月に開設されたモスクワ支部は、1995年3月に活動を禁止されるまでに3万5000人の信者を集めた。信者数は、日本のそれを上回ったのだ。支部長は上祐史浩《じょうゆうふみひろ》だった。

一体、何がロシア人をオウム真理教に惹きつけたのか？ オウム真理教の、麻原某のいったい何が魅力だったのか？ オウム報道をつぶさに調査した人でも、真相は知らないであろう。

オウムがロシア支部を開設した時期、ロシアの最高指導者はエリツィンだった。エリツィンとその周辺の有力政治家であるオレグ・ロボフ、アレクサンドル・ルツコイ、ルスラン・ハズブラートフなどは、オウムの活動を半ば奨励した。エリツィンは、オリガルヒと呼ばれる新興財閥と癒着《ゆちゃく》した政治を行った。結果、ロシアの富の大半は、オリガルヒに収奪された。

エリツィンを引退に追い込み、代わりに権力を掌握した、KGB出身のプーチン氏は、オリガルヒの財産を没収し、訴追した。オリガルヒは解体された。オリガルヒは、実は、米国1％と直結したロシアのユダヤ財閥だったのだ。そして、ユダヤ財閥を優遇したエリツィンもまた、本名をエルシュタインという隠れユダヤ人だったという分析が有力なのだ。米国1％にとって、プーチン氏は、その時点から不倶戴天《ふぐたいてん》の敵となった。そして、今、米国1％の息の根を止めようとしているのも、同じプーチン氏なのである。

さて、ロシアのオウムは、なぜ、2年半という短期間に3万5000人もの信者を集めることができたのであろうか？　事は簡単だ。オウムが3万5000人を集めたのではない。3万5000人の方からオウムに集結してきたのだ。この謎を解くカギは、2002年10月25日に在日右翼に暗殺された民主党の石井紘基《こうき》議員の残した発言から見つけ出すことができる。

「ロシアのオウムの前に統一教会がロシアに進出していた。それがいつの間にかオウムに入れ替わってしまった」

オウムの実態は、日本の在日勢力が主力だったのだ。

少し難しいかもしれないが解説する。日本人そのものではない、在日や部落勢力、そして、北朝鮮に繋がった工作員が、統一教会や創価学会に身を隠し、オウムにも乗り込んでいたのだ。統一教会も創価学会も在日宗教であり、統一教会は米国ＣＩＡと直結した宗教だ。つまり、ロシアにオウムを送り込んだのは、CIAだった。

オウムには、米国1%勢力の後ろ盾があった。だから、日本の警察は、オウムがあちこちで問題を起こしても見てみぬふりをして放置した。上九一色村の第7サティアンでの覚醒剤密造も、長期にわたり黙認された。のちに、覚醒剤製造で発生する悪臭が地元で問題となり、オウムは、製造品目をLSDに切り替えたという。オウムは、日本のあちこちの港にレジャーボートを繋留していた。北朝鮮の工作船と沖合で落ち合い、覚醒剤を受け渡すためだった。

第7サティアンの建設にかかわったのは、北朝鮮の技術者だったようだ。覚醒剤プラントであるなら、北朝鮮が世界をリードしている。北朝鮮の技術者を招いて事に当たらせるのは、最も合理的だ。現場で、北朝鮮の缶詰の空き缶などが見つかっているという。

オウムには、二つの「在日宗教」が関わっていた。統一教会と創価学会だ。どちらも朝鮮半島との「絆」が深いカルトである。前者は数千人の信者をピョンヤンに送り込み、現地で自動車の製造すら行っている。教祖の文鮮明《ぶんせんめい》（故人）は、金日成と「兄弟」の契りを交わした、北朝鮮出身の人物なのだ。後者は、頭目の池田大作が、実は、成太作（ソン・テチャク）なる在日出自の人物であり、創価学会は副会長の三分の二が在日だと分かっている。創価学会の旗は、赤青黄の三色旗だが、この三色は「韓三色」という朝鮮半島を象徴する色だ。在日のための宗教なのだ。

だが、米国と敵対する北朝鮮勢力が実質運営していたオウムに、米国1%が後ろ盾となっていたとは、普通の人には理解しがたいであろう。北朝鮮と米国の対立はあったとしても、米国1%にとって、北朝鮮は得がたいパートナーなのである。北朝鮮がテポドンやら、核実験やらで極東の治安を掻き回してくれれば、米国1%は緊張を煽って米国の軍事力プレゼンスの「価値」を高めることができるのだ。

だから、ロックフェラーに近い文鮮明の宗教が、北朝鮮に出入りし、米国1%との仲を取り持っているのだ。そして、同じ統一教会の人脈が、日本の安倍政権の政権与党を支配している。統一教会の自民党と創価学会の公明党が政権与党の座に着き、在日によるマイノリティー支配手法で、日本を乗っ取っている。だから、安倍はどんな蛮行も躊躇《ちゅうちょ》せずに遂行できる。米国1%の思い通りになって……。

オウム事件が起き、上九一色村の第7サティアンに捜索が入った。第7サティアンはサリン製造プラントであったことにされた。だが、外国から調査に来た科学者は「あんな粗雑なプラントで、サリンを製造すればオウム全員と上九一色村の住民全員が死んでしまう」と苦笑いした。当時の厚生省の麻薬Gメンが、第7サティアンが薬物製造目的ではないかと疑い、捜査を希望した。現場を占拠した警視庁の部隊は、麻薬Gメンを追い返した。

そして、警視庁は、オウム裁判もろくに進んでいないのに、第7サティアンを解体した。薬物製造プラントであったことの証拠を隠滅するためだ。警視庁は「近隣住民のために忌まわしい記憶の象徴となるものをなくすため」と苦しい言い訳をした。だが、なぜ、山梨県警ではなく警視庁なのか？　そもそも、オウム事件が警視庁の管轄となったのは、警視庁でなければ、真相の隠蔽に不都合だからだ。警視庁本庁には5500人の創価信者がいる。

CIAはロックフェラー家の私兵集団のような形で発足し、米国民の払う税金で運営されながら、ロックフェラーたち米国1%のために謀略を行うことを本業としてきた。

父ブッシュは、ロックフェラー家に集う若者の一人だったが、ケネディ暗殺に関与して米国1%の信頼を得て、CIA長官に抜擢され、ついには大統領にもしてもらったのだ。ブッシュ家は、ロックフェラー帝国の家老職のようなものなのだ。だから、父ブッシュに続いてG・W・ブッシュが大統領となり、今、その弟のジェブ・ブッシュも大統領候補として名乗りを上げている。

ロックフェラー兄弟の隠し子であるビル・クリントンも含めると、ここ何十年か、米国の大統領は、ロックフェラー家の血縁か家老の血筋から選ばれている。もちろん、大統領選挙は、最初から当選者の決まっている不正選挙の結果である。米国では、恒常的に大規模な不正選挙が行われてきた。日本の不正選挙の「大先輩」なのだ。

だが、メディアがすべて米国1％の支配下にあるため、不正選挙は追及されずに来たのだ（日本もついに米国並みの不正選挙先進国になり下がっている。過去3回の衆参選挙で全国的な不正選挙が敢行され、偽議員が大量に生産されている。米国1％の言いなりとならぬまともな議員は、ほぼすべて不正選挙で落選させられ、政界から消えてしまった。2016年7月の参院選で、米国1％の永田町支配は、完成する予定だ。だが、我々がそれを阻止する）。

ロシアのオウムは、ロシア国内のユダヤ人を組織化する目的ででっち上げられた。終結した3万5000のユダヤ人たちを使って、ロシア国内やウクライナに騒乱を起こし、ハザール汗国を再興しようと企んだ。だからこそ、オウムの前にCIA宗教である統一教会がロシアに進出していたのだ。

そして、オウムのナンバー2であった早川某は、統一教会の出身であり、逮捕された時もまだ、統一教会の関連企業の社長だった。オウムの隠れ蓑を着て、ロシア国内にユダヤ秘密ネットワークを形成し、分離独立を図ろうとした試みは、日本のオウム事件の発生で頓挫《とんざ》した。

ロシアのオウムと統一教会の関わりに言及した民主党の故石井紘基議員は、モスクワ大学卒のロシア通であった。彼は、統一教会とその背後の米国CIAがオウムに隠れてやろうとしたハザール汗国再興の試みを暴くことのできる唯一の人物だった。それがゆえに暗殺で口を封じられた。暗殺者は、伊藤白水という日本名を持つ、本名、ユン・ペクスなる在日右翼だった。統一教会に連なる在日人脈が、米国1％の国際的謀略の漏洩を阻止するために起用されたのだ。

石井先生は、不世出の偉大なる政治家であった。原発利権も追及していた。偉大なるがゆえに裏社会に消されたのである。いつまでもご冥福を祈り、石井先生のやり残した仕事を引き継ぐ者として、決して、米国1％に屈するつもりはない！　そう宣言しておく。

石井先生の暗殺後、お嬢さんのターニャさんとご家族の周囲には常に裏社会の監視の目が光り、ターニャさんは包囲されて大変な思いをされてきた。身の危険を感じた時、筆者に縋《すが》ってこられた。筆者は自分のブログ（richardkoshimizu's blog）で「石井ターニャさんに何かあれば、裏社会の痛打となる情報を開示する。やれるものならやってみろ」というメッセージを込めた記事を掲載した。

石井ターニャさん、あなたのメッセージは正に受領しました。

〈作成日時：2013/10/23 05:55〉

石井ターニャさん、あなたのメッセージは正に受領しました。
あなたに何か異変があれば、いただいた情報を即時公開します。
あなたの安全を祈っています。
リチャード・コシミズ

石井先生の暗殺後、民主党の菅直人は「必ず、仕事を引き継いで真実を明らかにする」と言明した。そして、今の今まで何もしていない。

石井先生の残された膨大な資料は、段ボールに収納されて、全くと言っていいほど手を付けられていない。その段ボールには、石井先生が国会議員特権を使って調査した「日本の秘密」がごっそりと隠されている。これらを表に出すだけで、日本はひっくり返る。

では、なぜ、民主党は、石井先生の遺志を継がなかったのか？　なぜ、巨悪を暴く努力をしなかったのか？　野党もまた、日本を支配する巨悪の傘下にあるからだ。与党と野党でAチームとBチームの役割を分担しているのだ。どちらにも、日本を救う意志のある政治家など存在しない。まともな政治家は、過去3度の衆参不正選挙によって淘汰されてしまった。米国1％に「帰順」しない政治家は、当選していたにもかかわらず、皆、不正手段で、落選したことにされてしまったのだ。

筆者と支持者は、国政選挙の不正を追及すべく、日本全国の高裁に数十件の行政訴訟を起こした。高裁の裁判官は、全く審議をせずに当方の訴えを退けた。10秒の判決文の朗読で不正選挙追及の「火」の消火をしたのだ。司法は、とっくのとうに米国1％に魂を売り渡していたのだ。正義の最後の砦である司法は、巨悪の出先機関と化していたのだ。

我々は、この非道な法廷の判決の模様を盗撮し、ネットに公開した。だが、法廷動画の流出という一大事にもかかわらず、どこのメディアも騒がなかった。騒げば衆目を集める。だから、報道せずに、国民に知らしめず、嵐の過ぎるのを待てと米国1％から指令が出たのだ。

不正選挙の顛末《てんまつ》については、2013年1月に『12・16不正選挙』なる自費出版本を緊急出版した。前月の衆院不正選挙の結果を受けて、年末に、血を吐く思いで書き上げた本だ。この本一冊で、不正選挙の全貌が分かる。読了すれば、不正選挙の実在を確信するはずだ。是非とも、一読いただきたい。

『12・16不正選挙』リチャード・コシミズ著

「不正選挙？　そんな馬鹿な」

その思い込みに裏社会はつけこんでくる。彼らにはどうしても大規模な不正選挙を日本で敢行せざるにはいられない理由があった。「日本人がそんなことをするはずがない」？　その通りだ。この不正選挙を主導したのは、日本人ではない。では、一体誰がなんの目的で？　今、米国は未曾有の経済的危機に瀕している。国家デフォルトを目前にして必死の延命策を講じている最中だ。「そんなひどい状態ならメディアが報じるはずだ」。報じない。報ずれば、米国に流れ込んでいる日本や世界のマネーが引き揚げられる。米国の国家デフォルトを即座に引き起こしてしまう。

米国の裏社会は、未来の党の票1000万票以上を闇に葬り、ほとんど得票のなかった自民公明を政権の座に返り咲かせた。偽与党の誕生である。偽与党は、TTP、消費増税、原発存続を推し進め、米国ユダヤ資本に日本市場を明け渡す。そして日本と中国のあいだの戦争を惹起する。極東の大きな戦争だけが、戦争インフレで米国経済を救うことができるのだ。

今、我々は12・16不正選挙を暴き、裏社会の目論見を粉砕すべく動き出した。本書を読まれた方が、我々の野戦場での戦いに参戦されることを期待する。我々の子供や孫を本物の戦場に送らないために。

筆者のブログには毎日、15万〜17万のアクセスがある。政治経済ブログでは破格の数字だ。RKブログでこの記事を掲載することで、石井ターニャさんは守られる。これを筆者の周囲の人物たちは「RK保険」と呼んでいる。筆者と秘密情報を共有していると裏社会に認知させれば、裏社会はもう手出しができないということだ。RK保険に保険料はいらない。無料で身の安全を守れるのだ。

だが、なぜ、RK自身は身を守れるのか、なぜ、暗殺されないのかと疑問を抱く読者も多いであろう。「出過ぎた釘」は打ちようがないのである。

裏社会、米国1%の謀略の根幹を暴露してしまっている筆者の暗殺を試みれば、いわゆる「RK理論」と呼ばれる主張に世間の注目が集まってしまう。911も311もオウム事件もエボラ出血熱も、ユダヤ人600万虐殺も……大衆に真相を知られてしまっては困るのだ。実際、今読んでいただいているこの本一冊を読了すれば、世界の真の構造はすべてマスターしたと同然なのだ。

筆者がある程度、世に名を知られる存在となったこと、真実を発信し続けていることが、筆者の身を守っているのだ。

筆者が告発を始めた段階では、様々な暗殺の試みがなされた。筆者の運転する乗用車は、高速道路を走行するにつれて、タイヤの空気が抜けていった。タイヤに細工がされていたのである（エンジンルームに神経ガスの類を仕掛けられた形跡もあった。以後、筆者は健康回復に時間を要した）。

保険金殺人追及の局面では、酒席で裏社会の人物と遭遇し、ワインに薬物を混入したものを飲まされた。人事不省となったが、持ち前の生命力で快復した。自宅では、二度も極彩色のタランチュラのごとき毒蜘蛛が見つかった。

中央高速を走る筆者を含め4人が乗った乗用車の背後に10メートルの高度で、ヘリコプターがぴたりと張りついた。次の刹那、横を走っていた白い乗用車が、筆者の乗る車の進路に割り込んだ。運転者が前を注視していたなら、驚いてハンドルを切り、車は中央分離帯に激突するか、横転していたであろう、110キロの高速で。運転者はその瞬間、脇見をしていて前方に割り込んだ車に気づかなかったのだ。

だが、もろもろの暗殺に失敗した裏社会は、インターネットの世界で筆者がメジャーな存在となった10年ほど前に暗殺を諦めたようだ。

自宅の隣の敷地で一戸建て住宅の建設が始まったが、なんら養生をせずに掘った土の山で当方自宅の敷地を侵害する。敷地境界線を越えて工事をする。毅然とした対応をし、警察まで呼んだ。そして、RKブログにて残土の山の写真を掲載したところ、攻撃は途端に止んだ。工事は速やかに行われトラブルは終息した。その後も、自宅の庭に生ごみが投げ込まれるといった嫌がらせは続いたが……。

RKブログでは、米国1％の手先が張りつき、毎日、のべつ幕無しに罵詈雑言《ばりぞうごん》を浴びせかけてくる。それが、彼らの仕事なのだ。筆者は、その類のコメントは無視する。承認しないから、ブログ読者の目に触れることはない。筆者もハンドルネームやIPアドレスですぐにわかるから、読まない。つまり、だれにも読まれない長文の誹謗中傷投稿が、10年以上の間、工作員の手で作成され、無駄打ちされているのである。

裏社会にはまだ、奥の手の打つ手がある。国税当局に手を回して、税務調査に入らせる。追徴できるところを見つけるべく、粗探《あらさが》しをする。税金で告発活動者の首が回らないように仕向けるのだ。

筆者の知る限りでは、ベンジャミン・フルフォード氏や副島隆彦氏が「国税攻撃」を受けている。筆者を含めて、この3人が裏社会にとって不都合な情報を発信する「3巨頭」である。今後も、本物の社会悪追及者には、米国1％の手先による嫌がらせは続くであろう。

ちなみに国税の理不尽な要求に対抗する手立てはある。「ネットで世に広く意見を問い、払うべき税金だと納得すれば支払う」と答えて、ネットでの問題提起を準備していたところ、2、3日して国税側から「あの件はなかったことに……」と、取り下げてきたのだ。世間に国税の常軌を逸した「手法」が知られてはまずいのであろう。おかげで、巨額の追徴課税を逃れることができたのだ。

さて、話をオウムに戻そう。オウム事件後、オウム真理教は破防法を適用されて、解散させられるのが順当だと誰もが思った。だが、上祐史浩が率いる残党は存続を許された。なぜか？　上祐は、ロシア・オウムの頭目であった。つまり、ＣＩＡ、そして米国１％と繋がった人物だったということだ。だから、オウム無きあとも、米国１％から使命を与えられて、組織の存続が許されたのだ。その上祐が、２０１５年11月の今、トルコに頻繁に出入りしているという。

後述するが、トルコは、ＩＳＩＳに武器弾薬を供給し、ＩＳＩＳがイラクの占領地域で生産する原油を搬出し、イスラエルに運び込んでいる。イスラエルはその原油を精製して売りさばき、巨利を挙げている。つまり、米国１％とイスラエルの拠点がトルコなのだ。上祐は、未だに米国１％のために働いているのだ。その最終的な役割は、「オウム事件の本番」を実行することかもしれない。

ロシアのオウムを使ったハザール再建の企みは頓挫した。しかし、ハザール人たちは企みを諦めたわけではなかった。２０１４年、新たな形でハザール汗国の建設が試みられた。ウクライナ・クーデターである。毎度おなじみ、ＣＩＡの主導した、ハザール人のためのクーデターだったのだ。

エリツィンの側近で、ＫＧＢの出身であったプーチン氏は、ロシアのオウムの闇も充分に承知していたであろう。そして、ウクライナ・クーデター騒ぎが勃発した瞬間に、ハザール暗黒勢力の「意図」を解読したことであろう。プーチン氏のウクライナ傀儡政権に対する断固たる態度が、それを物語っている。

米国1%は、ウクライナ問題でプーチンにやり込められた。ロシア制裁を打ち出したが、制裁を実際に受けたのは、米国1%の盟友のはずの西欧諸国だった。ロシアが制裁に対する対抗措置として打ち出した「禁輸」で、西欧はロシアという大きな市場を失ったのだ。

2014年4~6月期、EUはついにゼロ成長となった。「米国が始めた対露挑発と制裁のおかげで、ロシアによる食料輸入禁止が行使され、西欧諸国は激甚な被害を受けている」のだ。

4~6月のユーロ圏GDP、ゼロ成長=ウクライナ情勢響く――EU統計局

時事通信　2014年8月14日

http://newsbiz.yahoo.co.jp/detail?a=20140814-00000079-jijnb_st-nb

【ブリュッセル時事】欧州連合(EU)統計局が14日発表した4~6月期のユーロ圏諸国の実質GDP(域内総生産)速報値は、前期比横ばいのゼロ成長となった。ウクライナやイラク情勢など、不透明感が増す各地の地政学的リスクが景気の下押し要因となったとみられる。

特にウクライナ情勢では、欧州連合（ＥＵ）はエネルギーなどで結びつきが強いロシアに対する厳しい経済制裁に踏み切っており、ロシアの動き次第では欧州経済へのさらなる打撃も予想される。ユーロ圏経済は２０１３年４～６月期以降、４四半期連続でプラス成長を続けてきたが、今後の景気回復見通しには暗雲が垂れ込める形となった。

国別では、欧州経済の牽引役だったドイツが輸出や投資の低迷を受けて、０・２％減と前期の０・７％増から一転してマイナス成長に転落。イタリアは前期に続くマイナスで、再びリセッション（景気後退）に陥った。

そして、ロシアは、輸入品の代わりに国産品の生産に精を出し、見事、国家経済の体質改善に成功してしまったのだ。そして、ルーブル安は、ロシアの輸出をも後押ししたのだ。ロシアの自動車輸出が大きく伸長したのは、象徴的出来事である。

プーチン暗殺失敗

プーチン氏にどうあがいても勝てない米国1％は、ついに最後の手段に出た。プーチンの暗殺計画である。

２０１４年7月、マレーシア航空のＭＨ17便は、オランダ・スキポール空港からマレーシア・クアラルンプール国際空港に向かっていた。そして、ウクライナ上空で何者かのミサイル攻撃を受け、墜落した。隠れユダヤ人、ポロシェンコのウクライナ政府は、ロシア派武装勢力の仕業だと主張し、ロシアはウクライナの犯行だと反論した。アメリカは、ロシアの犯行だとロシアを罵《ののし》った。結論は出ていない。この事件が、プーチンのロシアが米国を見限る契機になったと筆者は分析する。

世界のシオニスト・メディアは、早くも、親ロシア派の犯行と勝手に報道する。日本の無知蒙昧な視聴者は、何も考えずにロイターの与太話を鵜呑みにする。

マレーシア機がウクライナ東部で撃墜、２９５人全員死亡＝当局

ロイター　２０１４年7月18日

http://headlines.yahoo.co.jp/hl?a=20140718-00000006-reut-asia

【グラボベ（ウクライナ）17日　ロイター】マレーシア航空の旅客機が17日、ウクライナ東部上空で墜落した。ウクライナ当局によると、機体は親ロシア派武装勢力によって撃墜され、乗客２８０人と乗員15人の合わせて２９５人全員が死亡した。ポロシェンコ大統領は短文投稿サイト「ツイッター」で、今回の事件は「事故ではなく、テロリストらの攻撃によるもの」と断定した上で、親ロシア派武装勢力に対する軍事行動を強化すると言明した。（以下略）

ＭＨ17便を撃墜したのは、米国１％の傀儡であるウクライナ軍の仕業である。だが、ウクライナ軍にマレーシア航空機を撃墜する動機はない。
ではなぜか？　間違えたのである。ＭＨ17便とプーチン大統領機を間違えて、前者を撃墜してしまったのである。当日、ほぼ同じ時刻に、プーチン大統領専用機が、ＭＨ17の航路と同じ空域を飛んでいたのだ。機体の塗装が極めて似通っているＭＨ17便を、プーチン機と誤認して撃ち落としてしまったのだ。

ウクライナのＳ u-25パイロットは「その通りです」と言った「私がボーイング777を撃墜しました」（Pilot Ukrainian Su-25 confirms this: "I've knocked down the Boeing 777"）
http://www.imolaoggi.it/2014/07/29/pilota-ucraino-di-su-25-conferma-ho-abbatuto-io-il-boeing-777/

プーチン大統領は、ウクライナ軍の間抜けな失敗のおかげで、命拾いしたのだ。筆者も、ウクライナ関係者から、この事件が「誤射」であったとの内部情報を得ている。

Reports that Putin flew similar route as MH17, presidential airport says 'hasn't overflown Ukraine for long time'

不正選挙の全貌を暴くRK自費出版書

暗殺された石井紘基衆議院議員

ロシア政府専用機とプーチン大統領

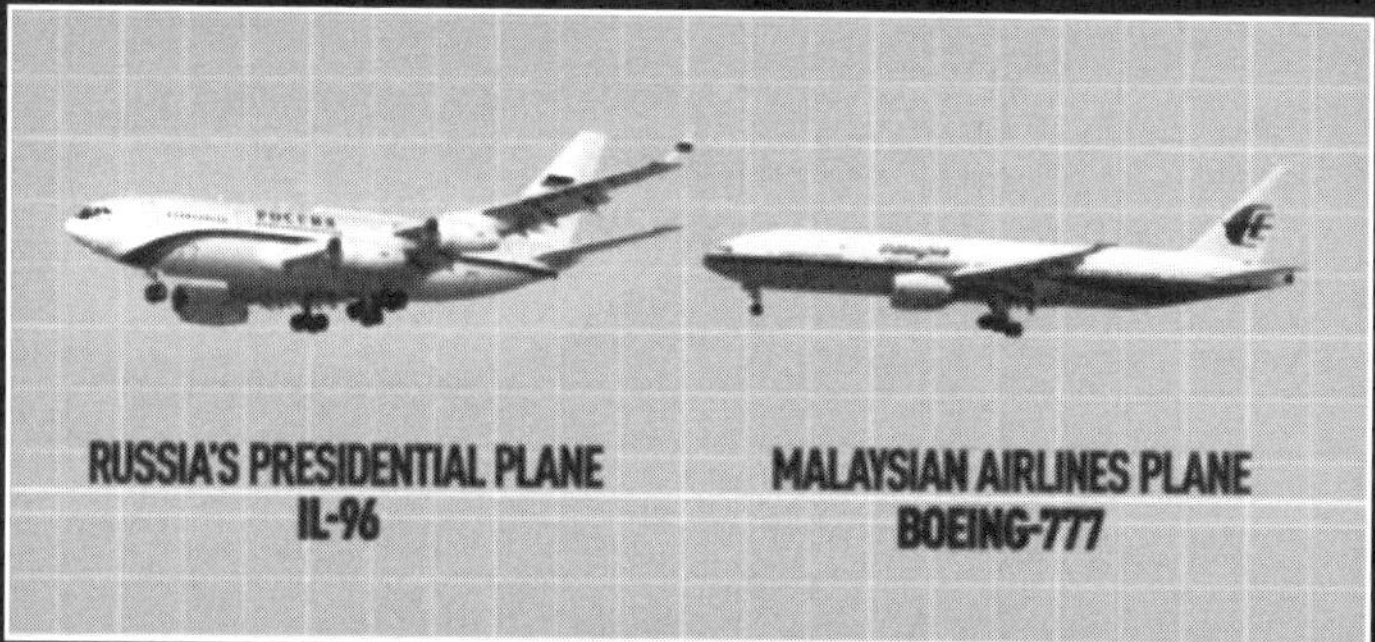

MH機とプーチン搭乗機は塗装が酷似

http://rt.com/news/173672-malaysia-plane-crash-putin/

Malaysian Airlines MH17 plane was travelling almost the same route as Russia's President Vladimir Putin's jet shortly before the crash that killed 295, Interfax news agency reports citing sources.

"I can say that Putin's plane and the Malaysian Boeing intersected at the same point and the same echelon. That was close to Warsaw on 330-m echelon at the height of 10,100 meters. The presidential jet was there at 16:21 Moscow time and the Malaysian aircraft - 15:44 Moscow time," a source told the news agency on condition of anonymity.

ＭＨ17便事件は、当初、ロシアに苦境をもたらした。シオニストに占拠された世界中のメディアは、根拠もなく、ロシア側がＭＨ17便を撃墜したと報道した。辛坊治郎なる米国１％の御用達ジャーナリストは「１００％親ロシア派の仕業」だと断定した。結果、ロシア株もルーブルも下落した。７兆円の資金が流出したという。米国１％は、プーチン氏の暗殺には失敗したが、事件を逆手《さかて》にとって、ロシアの国際的信用を貶《おとし》め、経済的苦境に追い込むことを考えたのだ。

止まらぬ「ロシア売り」株・通貨下落、資金流出

読売新聞　２０１４年7月28日

http://news.goo.ne.jp/article/yomiuri/business/20140728-567-OYT1T50024.html

ウクライナでのマレーシア航空機撃墜事件を機に、ロシア経済が苦境に陥っている。厳しい経済制裁に及び腰だった欧州連合（ＥＵ）が強硬な姿勢に転じたためだ。ロシア株や通貨ルーブルは下落に転じ、資金流出が止まらない。近く公表される新たな制裁の内容次第では、日本経済に悪影響が及ぶ可能性もある。

７兆円流出

17日の撃墜事件後、ロシア株は大きく売られている。指標であるモスクワ市場の「ＲＴＳ指数」の25日の終値は１２４６・25と、16日の終値と比べ、約８％下落。英ロイヤル・バンク・オブ・スコットランドのタチアナ・オルロワ氏

そして、ＭＨ17便撃墜をロシア側の犯行と勝手に断定して、欧米諸国が、ロシアに対する追加制裁を実施する。欧米諸国が、シオニスト・ユダヤ勢力に乗っ取られている証左である。そして、米国１％の奴隷国家となりはてた日本も、すぐに、シオニスト諸国に同調する。もっとも、この制裁追加は、ロシアにではなく、西欧諸国に打撃をもたらしたようだが……。

日本がロシア追加制裁発表　欧米と板挟み、配慮も

朝日新聞　２０１４年7月29日付

菅義偉官房長官は28日の記者会見で、ウクライナ危機をめぐる対ロシア追加制裁措置を発表した。クリミア併合やウクライナ東部の不安定化に関与している個人や団体の国内資産の凍結やクリミア産品の輸入制限のほか、欧州連合（ＥＵ）と同調し、欧州復興開発銀行にロシアの新規事業への融資を止めるよう求める。

マレーシア機撃墜事件を巡っては、ウクライナ東部で同国政府と戦闘を続ける親ロシア派武装勢力の関与が疑われており、米やＥＵはロシアの責任を追及する姿勢を強めている。安倍晋三首相は24日の国家安全保障会議（ＮＳＣ）４大臣会合で主要7カ国（Ｇ7）との連携を指示。撃墜事件前に欧米諸国が決めた追加制裁に同調している。（後略）

ＭＨ17便事件は、ある意味、第三次世界大戦の勃発の危機を招いた。評論家の副島隆彦氏も、警鐘を鳴らしている。

副島先生の緊急発言。我々もプーチン閣下にできるだけの援護射撃をせよ！

http://www.snsi.jp/bbs/page/1/ [1629]

マレーシア機の撃墜は、プーチン失脚を狙って、第3次世界大戦を勃発させようとする

危険な勢力の動きだ。

副島隆彦です。緊急に書きます。今、2014年7月20日の午前1時35分です。7月17日の午後5時20分（日本では午後10時20分）の、マレーシア航空機のウクライナ東部上空での撃墜は、ロシアのプーチンの失脚を狙った、アメリカ合衆国の一番凶暴な戦争計画勢力による世界規模での謀略（コンスピラシー）である。プーチンが失脚させられたら、世界は第3次世界大戦に突入する準備段階に入るだろう。


強い指導力を発揮するプーチン氏さえいなくなれば、戦争を引き起こそうとする勢力が暗躍できるということだ。そのために、プーチン氏の暗殺計画を立てた。そして失敗したと見る。

暗殺という汚い手を使ってきたウクライナ政権。便乗して、ロシアを包囲し、経済的苦境を呼び込もうとする、背後にいる米国1％。プーチン氏は米国に対して、この事件以降、一切、米国と妥協をせず毅然として対決を始めた。まずは、中露のうち、ロシアが米国を見捨てたのだ。

どうやら、プーチン氏は、何度も米国1％、イスラエルからの暗殺の試みを受けて逃れてきた模様だ。それがゆえに、複数の影武者を使っているという指摘もある。整形はできても耳の形は変わらない。オリジナルのプーチン氏とは違う人物が、プーチン氏として登場することがあると見る向きも多い。「とっくの昔に本物は暗殺されている」とする情報も、プーチン氏の前妻あたりから漏れている。

だが、本物のプーチン氏とわかる登場場面が、最近、確認できている以上、心配はない。影武者はプーチン氏本人を守るための手段なのだ。

中国首脳マスマーダー《集団殺害》計画失敗

そして、それより少し前に、中国の領袖、習近平氏も米国に対する淡い幻想を捨て、米国と決別している。その契機は、ＭＨ３７０便事件であった。習近平氏は、同時に、中国国内の米国１％のパートナーである江沢民一派とも決別しているのだ。

２０１４年7月29日、マレーシアのクアラルンプールから中国の北京市に向かっていたマレーシア航空の定期旅客便、ＭＨ３７０便が、インド洋上に墜落したとされる事故だ。同機は、マレーシアを離陸して北京に向かいながら、中国南端部あたりで引き返し、インド洋上で消息を絶ったという。

筆者らは、事故後、すぐさま、インド洋上にあるディエゴ・ガルシア島（以下、Ｄ島）に注目した。英国領であるＤ島は99年間の年限で米国空軍に貸与されている。そこには、巨大な米空軍基地とＣＩＡの秘密刑務所があるからだ。続々と、表側のメディアには決して出てこない情報が飛び込んでくる。

MH370便の事件の直前、台湾や香港から「不審機が北京中心部を狙っている。警戒せよ」といった情報が流れていた。当時、北京では全人代が開かれていた。

不審民間機の撃墜命令か　中国軍、北京中心部上空で

2014年3月9日

http://sankei.jp.msn.com/world/news/140309/chn14030917540005-n1.htm

香港の人権団体、中国人権民主化運動ニュースセンターは9日、北京行きのマレーシア航空機が消息を絶ったことに関連し、中国の最高指導部が8日、軍に対し、北京中心部に近づこうとする不審な民間機があれば撃墜するよう緊急命令を出したと伝えた。同センターは、マレーシア航空機に爆弾を持った人物が搭乗し、北京上空で乗っ取って中国の権力の中枢「中南海」に突っ込む予定が、発見されて爆破した可能性があると指摘している。根拠は不明。北京では全国人民代表大会（全人代＝国会に相当）が開会中で、厳戒態勢が敷かれている。マレーシア航空機には、盗難パスポート（旅券）で搭乗した疑いのある乗客が複数いたことが確認されている。（共同）

MH370便の航跡を見ると、途中で「追われるように」Uターンしてインド洋に向かっている。不審機の侵入を中国当局が察知して、中国空軍のステルス戦闘機にスクランブル発進させ、インド洋方面に追い返したのではないか？　もし、全人代に集結している中国共産党幹部を一気に殲滅するのが目的であれば……事実を知れば、習近平氏は、米国1％への信頼を丸ごと捨て去ったであろう。

習近平氏と全人代に集まる習近平氏の賛同者を一度に葬り去り、江沢民一派のみを生き残らせて、米国1％の言いなりの共産党幹部だけを温存すれば、中国を思いのままに操ることができる。そして、江沢民一派は、習近平氏の汚職摘発で周永康ら、仲間が次々と摘発され、失脚するのを止められる。米国1％に世紀の航空機テロを実行させるだけの動機は十分あったと考える。

習近平氏の果敢な江沢民一派追い込み策は、米国1％の中国におけるパートナーたちを一掃する勢いだったのだ。米国1％は、焦燥感に駆られて間抜けな謀略を行使し、失敗したと見る。

中国共産党、重大な規律違反で周永康氏の捜査開始＝新華社

ロイター　2014年7月29日

http://headlines.yahoo.co.jp/hl?a=20140729-00000119-reut-cn

［北京29日　ロイター］中国共産党は、周永康・前党政治局常務委員（71）に対し「重大な規定違反」があったとして捜査を開始した。新華社が29日報じた。周氏は中国共産

党が1949年に政権政党となって以来、汚職疑惑で捜査対象となった政府高官の中で最も党内序列が高い。

習近平のトラ退治がついに始まる?!　元制服組トップの徐才厚に失脚の噂

http://kinbricksnow.com/archives/51849040.html

「李長春、周永康に加え会議に全く出席していないのが、会議開幕時点では国家軍事委員会副主席だった、徐才厚であります」

「徐才厚の欠席は昨年汚職容疑で失脚した谷俊山（前総後勤副部長）に関連して取調べを受けており、『欠席させられた』というのが米華字ニュースサイト・多維の見立て」

「香港・太陽報によると、後ろ盾の江沢民が出てきて徐の疑惑は一度はなかったことにされたものの、『軍内の徐の政敵』が徐降ろしを展開したため、徐は幹部の駆け込み寺である北京の301医院に入院した、と報じています」

米空軍のディエゴ・ガルシア基地は、MH370便の墜落想定海域にあり、多くの軍用航空機が常駐しており、本来ならば、捜索の先頭に立つべきであった。だが、米空軍は動かなかったどころか、どのメディアもD島の存在に一切触れないで済ませた。マレーシアのマハティール元首相のブレーンであるマシアス・チャン氏が、「なぜ、だれも、ディエゴ・ガルシア島に触れないのか？」と疑問を投げかける。

英国は米国CIAが英領ディエゴ・ガルシアで秘密刑務所を運営することに全面協力していたことが新たな資料で露見

http://www.telegraph.co.uk/news/worldnews/northamerica/usa/10758747/British-gave-full-co-operation-for-CIA-black-jail-on-Diego-Garcia-report-claims.html

British gave 'full co-operation' for CIA black jail on Diego Garcia, report claims

Fresh claims emerge of high-level British government involvement in the programme

マレーシア・マスコミは、マレーシア政府ではなく、アメリカとその諜報機関にこそ重要な疑問を問いかけるべきだ

Matthias Chang　２０１４年３月29日

http://eigokiji.cocolog-nifty.com/blog/2014/04/MH370-1-232f.html

「特に外国マスコミは、一体なぜ焦点を、アメリカの戦略的海軍・空軍基地ディエゴ・ガルシアの諜報・監視能力に、全く当てていないのだろう？」

「ＭＨ３７０便の飛行経路（もしも、言われている通り、インド洋で墜落したとすれば）、ディエゴ・ガルシア軍事基地の諜報能力の地理的範囲内にあったのかどうかという疑問が一切問われないのはなぜだろう？」

「明らかにディエゴ・ガルシア基地に対する危機となる〝国籍不明の〟飛行機を迎撃すべく、米軍機が、一体なぜディエゴ・ガルシアから発進しなかったのだろう?」

そして、誰にも聞かれてもいないのに、ネットの噂を気にしてホワイトハウスの報道官は「MH370便とディエゴ・ガルシア島は関係ない」とわざわざ弁明しているのだ。

マレーシア機不明　不明機がインド洋の米軍基地に着陸との報道を否定――米ホワイトハウス報道官

http://www.recordchina.co.jp/group.php?groupid=85174&type=

2014年3月18日、米ホワイトハウスのカーニー報道官は、消息を絶っているマレーシア航空370便が、インド洋中部のディエゴ・ガルシア島にある米軍基地に着陸したとする一部報道を否定した。北京青年報が英紙ガーディアンの報道として伝えた。カーニー報道官は、「不明機の捜索は困難を極めている」とした上で、「米国はマレーシア政府ほか関係国と連携を密にし、捜索に全面的に協力している」とも述べた。

ディエゴ・ガルシア島に着陸したMH370便の乗客で、IBM社員の英国人フィリップ・ウッド氏が、「今、幽閉されている」と恋人にメールを送ってきたという。目隠しをされ、独房に収容された氏は、アイフォン5から真っ黒の写真を送ってきた。何も映ってはいなかったが、位置情報から、ディエゴ・ガルシア島にいると分かったのだ。

ネット上に投稿された最新情報

http://the-tap.blogspot.jp/

消えたマレーシア航空機の乗客の1人（IBMの技術者の男性）から、「自分は真っ暗な独房に投獄されている。独房からメッセージを送っている」という連絡が入りました。男性がディエゴ・ガルシアから送った写真が真っ黒だった理由は、光のない独房で撮った写真だったからです。しかし重要な情報は Exif データに埋め込まれ送信されました。男性は目隠しをされた状態でメッセージを送りました。米軍が誰かに目隠しをする時、頭から袋を（外れないように）かぶせるため、両手が空いた状態になります。両手が自由になった男性はお尻から iPhone 5 を取り出し、ボイスコマンド機能を使って iphone に話しかけ、ログインをしてからメッセージを送信ました。男性が真っ黒な写真を送信したのはこのような状態からです。真っ暗な独房の中では彼が自分で何を送ったのかも確認できません。とにかく写真を1枚撮り、送信したのです。

（送信環境については省略）

以下の真っ黒な写真は男性が送ったものです。これは捏造ではありません。真実の情報です。この写真を分析した結果、この写真はグーグルがディエゴ・ガルシアにサービスを提供している範囲内（3マイル以内）で撮られたものだというのが分かりました。しかしグーグルでは彼がいる場所は見つけることができません。この島の大きさがどのくらいかは分かりませんが、確かに滑走路がありますから、ディエゴ・ガルシアと一致しました。

男性はこの真っ黒の写真を添付して次のメッセージを送信しました。

「マレーシア航空機がハイジャックされた後、私は見知らぬ軍人に人質として目隠し状態でどこかに連れていかれました。私はＩＢＭで働いています。飛行機がハイジャックされたとき、自分の携帯電話をお尻にうまく隠すことができました。私は、他の乗客と離れてしまい、独房に投獄されました。私の名前はフィリップ・ウッドです。私はどうやら薬を飲まされたようで頭がもうろうとしています」

消息不明当日の早朝に、低空で飛ぶマレーシア航空機をインド洋に浮かぶ島国、モルディブの複数の住民が目撃している。モルディブから東南方向へ飛行を続ければ、ディエゴ・ガルシア島の空域に到達するのだ。

マレーシア機不明　モルディブで複数の目撃情報＝消息不明当日の早朝――香港メディア

レコード・チャイナ　２０１４年３月19日

http://headlines.yahoo.co.jp/hl?a=20140319-00000020-rcdc-cn

２０１４年３月18日、香港フェニックステレビ（鳳凰衛視）によると、マレーシア航空

370便が消息を絶った8日午前6時15分ごろ、インド洋の島国・モルディブで、370便とみられる機体が低空飛行していたのを目撃したという通報が複数あった。現地メディアが伝えた。目撃者によると、北から東南方向へ飛行していたという。

普段、航空機がモルディブ上空を超低空飛行するケースはそれまでなかったので、住民たちの注意を喚起したのであろう。では、なぜ、超低空飛行なのか？　レーダーに映らないからである。MH370便は、インド洋上でレーダー画面から消えた。墜落したか、超低空飛行に移ったか、どちらかである。

では、MH370便のパイロットたちが、Uターンや超低空飛行をしたというのか？　おそらく、搭乗員たちは無関係だと考えられる。ボーイングの新鋭機には、どれも、ハイジャック防止用のシステムが組み込まれている。万が一、ハイジャックが発生した場合、機上の操縦権を剥奪し、地上から遠隔操作して、安全に飛行場に着陸させるものだ。「ホーム・ラン」などと呼ばれる技術だ。かなり前に実用化されており、米国1％は、911の際、WTCに2機の航空機を突入させたときに、この技術を使っている。ビン・ラディン一味の離れ業など、元から必要なかったのだ。

読者は、日本政府が2機の無人航空機を1500億円で米国から購入するというニュースをご存じであろう。米国製の無人機は、イラクでもシリアでも飛んでいるのである。無人で離陸し、飛行し、着陸する技術があると分かっているのだから、米軍需産業であるボーイング社の航空機に、同じ機能が備わっていても何の不思議もない。

「ＭＨ３７０便はディエゴ・ガルシア島に着陸させられ、乗員乗客を降ろした後に再度離陸しインド洋に突っ込んだ」とする分析記事がある。

Flight 370 landed at Diego Garcia military base and later relaunched into Indian ocean

http://www.maxresistance.com/flight-370-landed-at-diego-garcia-military-base-and-later-relaunched-into-indian-ocean/

Most recently Monty produced a video detailing the possibility that the missing Malaysian Airlines flight 370 was landed at Diego Garcia, a top-secret military base controlled by theU.S. By Shepard Ambellas

しかし、ＭＨ３７０便が「インド洋に突っ込んだ」ことにするため、再度離陸して海上に激突したのかどうかは不明である。未だに、ディエゴ・ガルシア島のＢ２格納庫に隠匿されているかもしれないのだ。そして、乗客は？　おそらく、皆殺しに遭ったか、薬物で抵抗できないように管理されているであろう。オウムの真実を法廷で暴露させないように、薬で口を封じられている東京拘置所の麻原某のように……。

２０１５年７月、インド洋の仏領レユニオン島の海岸で、ＭＨ３７０便の残骸とみられるものが見つかったという。翼の一部であるフラッペロンである。間髪を入れずに、マレーシアの首相が、ＭＨ３７０便のものだと言明した。それが怪しい。ナジブ・ラザク首相は、マハティール元首相と対立している人物であり、米国１％の犬である匂いが漂っているからだ。フラッペロンの改造部が飛行機のメンテナンス履歴と一致しないといった疑問もあった。他のボーイング７７７の残骸を、レユニオンまで持ってきて置いたのかもしれない。

その後、本当にＭＨ３７０便のものだったのか、はっきりせずにいたが、最終的に、ボーイング７７７の機体の一部を製造していた「Airbus Defence and Space」社が、「翼から発見された３桁の数字がＭＨ３７０便のものと一致することを確認した」という話で一件落着した。ユダヤ軍産複合体の仲間であるエアバスの関連会社の証言が、どれほど信用できるものかは、筆者には分からない。続報がほとんどないのも不可思議だ。ＭＨ３７０便とディエゴ・ガルシア島の関わりを追及されるのを恐れ、米国１％が偽物の情報を流した

離陸するＭＨのボーイング７７７型機

インド洋にあるディエゴ・ガルシア島

真っ黒の画像が送信された

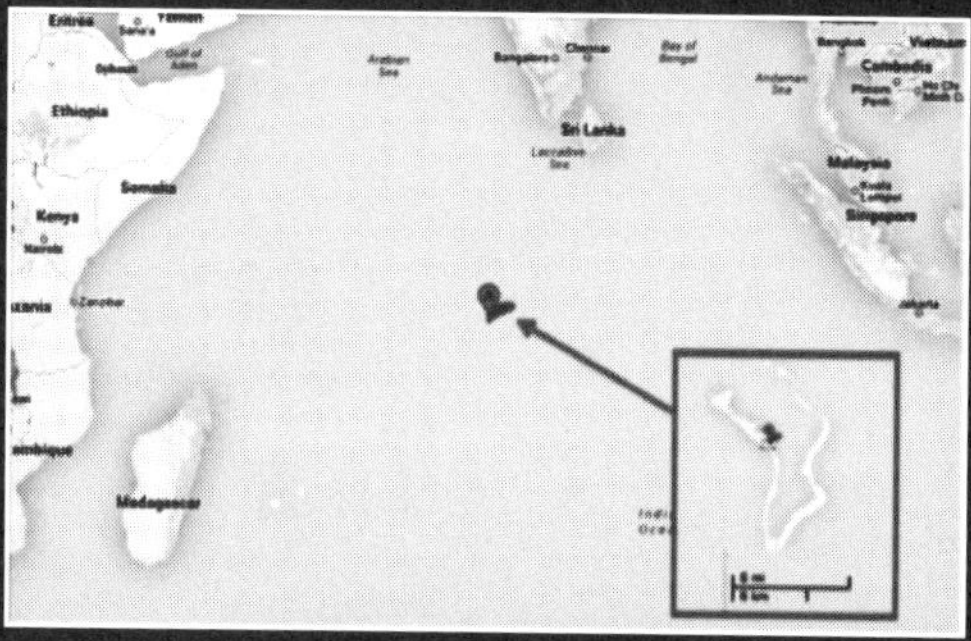

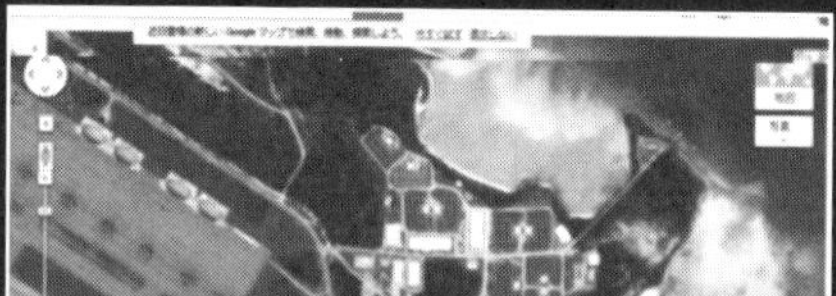

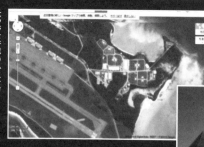

米空軍基地の滑走路

大型機も納まるＢ２格納庫

発見された翼の一部

感がある。

ＭＨ17便事件がプーチン暗殺計画の失敗であり、ＭＨ３７０便事件が中国共産党幹部大量虐殺の失敗であったなら、それを看破したロシアと中国の指導者は、一斉に、米国に対して背を向けるであろう。

米国１％は、ＭＨ３７０便事件で何を目論んだのか？　戦争である。「ドル防衛」である。「ドル防衛」とは、世界で流通する基軸通貨としての米ドルの地位を守ることである。そのためには、日中戦争が手っ取り早い。ＭＨ３７０便の中南海突入で、習近平氏ら、中国共産党の中の「米国１％にとっての邪魔者」を一掃し、江沢民一派に実権を握らせる。そして、江沢民に命じて、日米と「偽装対立」させる。日中戦争を惹起して、日本円、人民元とも信用を失墜させる。日中は、相互に経済的に大きく依存しているので、戦争状態になれば、貿易が滞り、日中ともに経済破綻する。結果、米ドルが唯一の基軸通貨の地位を守る。

だから、米国１％は一日も早く、戦争を起こしたかったのだ。その遂行に際して最大の邪魔者が、習近平氏だったのだ。

この二つの事件ののち、中露は一気に協力関係を深め、プーチン氏と習近平氏は米国に対抗していく政治姿勢を鮮明にしたのである。

トルコ軍のロシア機撃墜

パリ惨事から10日が過ぎて、今度は、シリア上空で惨事が引き起こされた。ロシア空軍機がトルコ軍により撃墜されたのだ。

トルコ機がロシア機を撃墜、緊張高まる

NHKニュース　2015年11月24日

内戦が続くシリアと隣国トルコとの国境付近で、トルコ軍が、ロシアの爆撃機を領空を侵犯したとして撃墜しました。ロシアのプーチン大統領が「ロシアとトルコの2国間関係に深刻な影響を与えるだろう」と述べるなど緊張が高まっています。トルコ軍によりますと、現地時間24日の午前9時20分ごろ、トルコ軍の戦闘機がシリアとの国境付近で国籍不明の軍用機を領空を侵犯したとして撃墜し、軍用機はシリア北西部ラタキアの近郊に墜落したということです。これについてロシア国防省は、ロシアのメディアに対し、撃墜されたのはシリアの上空6000メートルを飛行していたロシアの爆撃機「スホーイ24」だと明らかにしました。これを受けてロシアのプーチン大統領は、24日、南部のソチでヨルダンのアブドラ国王との会談の中で、「テロリストの手先がロシアの爆撃機を背後から襲った」と述べ、トルコをテロリストの手先と呼び強く非難しました。そのうえで、「爆撃機はトルコに脅威を与えていなかった。ロシアとトルコの2国間関係に

深刻な影響を与えるだろう」と述べました。これに対して、トルコのダウトオール首相は24日、「たび重なる警告にもかかわらず領空を侵犯されれば、トルコにはそれに応じる権利がある」と述べ、撃墜は当然の判断だと強調しました。

トルコはシリアと国境を接する国である。ロシア空軍機は、シリア国内のＩＳＩＳ拠点の空爆に従事していた。空爆を終えて帰投する間にトルコ空軍機にミサイルで撃墜されたのだ。なぜ、ＩＳＩＳ問題に直接かかわりのないトルコが、このような蛮行に手を出したのか？　「領空侵犯」したから撃墜したというが、事後、国際的な大問題を引き起こすと分かっている撃墜を不用意に実行するわけがない。

ＮＨＫのニュースを１００万回見ても聞いても真相はわからない。ＮＨＫを裏から操る「巨悪」は、日本国民には、真相を知ってほしくないのだ。よって、真実を伝えないＮＨＫは「公器」の役割を果たしていない。その類の信用できない謀略機関まがいの放送局に受信料など支払う必要はない。

トルコ軍がロシアのスホーイ機を撃墜しパイロットを射殺すると、欧州へのロシアの天然ガスの供給が滞る。そして、地政学的な危機感から、原油の価格が上昇する。これが「巨悪」の目指したところであり、トルコのエルドアン政権は「巨悪」のために立派に役割を果たしたのだ。

トルコ空軍機は、ロシアのスホーイ24爆撃機を撃墜しただけではない。パラシュートでコックピットから脱出したロシア人パイロット2名を銃撃し、そのうち1名を射殺しているのだ。そのおかげで、近い将来、西欧の住民は、寒い冬を暖房なしで過ごす羽目に陥る恐れがあるのだ。

2014年12月に、プーチン大統領は、「ロシアの天然ガスを黒海横断海底パイプラインでブルガリア経由で欧州に輸出するサウス・ストリーム計画」を中止して、黒海のトルコの領海内とトルコの陸上を経由する「トルコ・ストリーム」に変更すると表明した。

だが、今回のスホーイ撃墜で、ロシア当局は、この「トルコ・ストリーム」の中止を示唆している。トルコストリームで輸送される予定の天然ガスは3分の1程度がトルコ国内で消費され、残りは西欧に送られる予定であった。そのトルコストリームの建設が、今回の事件で棚上げとなれば、ヨーロッパに送られるはずのロシアの天然ガスが届かなくなる。

ロシア大統領府、対トルコ関係に強硬策

http://jp.sputniknews.com/russia/20151125/1221001.html

ロシアはロシア航空宇宙軍Su24の事件を受け、トルコとの合同ビジネス・プロジェクトを一時停止し、軍事協力を退ける構え。コメルサント紙がロシア大統領府内高官の消息筋からの情報として報じた。消息筋は、トルコに対する決定は「厳格」なものとなり、露土関係の多くの側面に深刻な影響を及ぼすと語っている。特にガスプロム社はガスパイプラインの「トルコ・ストリーム」プロジェクト実現の続行の合目的性に評価を出す。

新ガスパイプライン「トルコ・ストリーム」のルートが確定

http://www.jsn.co.jp/news/2015/12.html

敷設ルートは既存のPL「ブルー・ストリーム」とは異なり、アンカラを通らず黒海南西部沿岸の都市キイキョイから陸上に入る。陸上ではギリシャ国境のイプサラまでの180キロが敷設される。SSと同様に4本のラインが敷設される予定で、海底部分のうち660キロはSS用に予定されていたルート、その他に250キロがトルコ向けの新ルートとなる。トルコ領海内の海底部分の敷設のための調査が許可される。年間輸送能力は630億バレルだが、イスタンブールで需要が増大していることもあり、ギリシャ国境を越えて供給されるのは470億バレル。第1ライン（年間輸送能力157億5000万バレル）の完工は2016年12月を予定しており、すべてトルコに供給されるという（1月27日付ガスプロム）。

そして、ロシアは、2015年12月1日、トルコとの「トルコ・ストリーム」の交渉を停止した。

ガス輸出ラインの交渉を停止　トルコへの制裁、資源に波及

http://www.47news.jp/CN/201512/CN2015120101002247.html

ヨーロッパの経済破綻は我々の想像以上に深刻だ。今、ロシアや中国と対立している場合ではない。欧州経済を主導するロスチャイルド勢力は、ロシアの顔色を窺い、機嫌を取って「共存」を許してもらおうと必死だ。だが、ロスチャイルドの盟友であるはずの米国ロックフェラー勢力は、中露の台頭に必死の抵抗をしている。世界の中心が米欧から極東に移行するのを何としても阻止したいのだ。だから、欧州ユダヤのロシアへの擦り寄りは我慢がならない。

ウクライナ問題を口実にして、米国1％、つまり、ロックフェラー勢力は、無理やり、ロシア制裁を仕掛けた。欧州ユダヤも、仕方なく、それに同調した。だが、ロシア制裁で実際に経済的被害を受けたのは、西欧側だった。ロシアは、対抗措置として西欧諸国の製品の禁輸を進め、結果的に国内産業の隆盛を実現した。ルーブル安のおかげで、石油や天然ガスの生産も漸増している。今やロシアは、同国史上最大のエネルギー生産と販売を実現しているのだ（ウクライナ政変もまた「巨悪」の仕業であることには、のちに言及する）。

今回のトルコ空軍の「蛮行」により、ロシアの天然ガスが西欧に流れなくなるかもしれない。そうなれば、天然ガスを媒介とした西欧諸国とロシアの接近は阻害される。西欧がロシアと手を組んでしまえば、米国ユダヤは孤立してしまう。もっとも、属国である日本は、どこまでも宗主国、米国の奴隷国家として引きずられていく手はずとなってはいるのだが……。

だから、トルコ空軍機の放った一発のミサイルは、西欧諸国がロシアと協調するのを阻止するための一発だったのだ。結果、利益を得るのは、当然ながら、米国1％である。この事件への米国1％の関与を疑うのが、正常な「反応」である。

スホーイ機は、トルコの領空侵犯はしていたが、撃墜されたときは、シリア領内を飛んでいた。それを撃墜したトルコ機もシリアへの領空侵犯をしていたということだ。つまり、トルコ機は、意図的にロシア機をシリア領空内まで追いかけ、目的をもって撃墜したのだ。

スホーイ機の飛行計画は、予め、米国に通告されていた。米国は、トルコ軍に飛行経路を教え、撃墜させたのだ。

ロシア側は「警告はなく、シリア上空で撃墜された」と主張しているが、日本のメディアは米国1％の御用達報道機関なので、ロシアを悪者にするのが仕事だ。新聞報道を鵜呑《うの》みにする人たちは、毎日、偽情報を詰め込まれて、気がつくと、極端なロシア嫌いになっている。まさしく、米国1％の思うつぼだ。創価学会の「悪質部門」の影響下にある毎日新聞は、米国1％のための提灯記事を書くのである。

露軍機：撃墜前、2回領空侵犯…トルコ計21回警告（毎日新聞）

http://mainichi.jp/select/news/20151128k0000e030259000c.html

トルコ・シリア国境付近で24日にトルコ軍機に撃墜されたロシア軍機が、2回連続してトルコ領空を侵犯していたことが分かった。トルコが加盟する北大西洋条約機構（NATO）の外交筋が、レーダーの航路分析で判明したと毎日新聞に明らかにした。ロシア側は「警告はなく、シリア上空で撃墜された」と主張しているが、根拠が揺らぐことになる。

NATO分析

外交筋によると、ロシアの戦闘爆撃機2機は24日午前9時22分（日本時間午後4時22分）ごろ、トルコ南部の領空に侵入。旋回して同9時24分、再び領空内に入り込み、17秒間侵犯した。トルコ軍は1回目の領空侵犯時に11回、2回目に10回、計21回警告した後、これを無視して領空にとどまった1機をミサイルで撃墜した。（以下略）

ロシア空軍は、ＩＳＩＳを叩く戦いをしているのであり、トルコと交戦状態にあるわけではない。トルコは、表向きは何の関係もないはずだ。それなのに、「領空侵犯」を口実に撃墜し、しかも、パイロットを殺すとは……意図的であるとしか思えない。

落下傘で降下中のパイロットを射殺するとは。第二次大戦において、日本の航空隊が、機から脱出した米軍パイロットを射殺した例はある。だが、それは日米が交戦状態にあったからだ。トルコ軍は、ロシアと戦争状態にはないはずだ。ありえない残虐行為をしたトルコ軍。世界から非難を受けて当然だが、シオニストの支配する世界のメディアが、トルコを糾弾することはないであろう。そして、メディアは、ロシア側に責任があると書きたてるはずだ。今までもそうしてきた実績があるのだ。

さて、トルコのエルドアン大統領が、米国１％の代理人として、ロシアと西欧の関係を引き裂くために動かされていると理解するに至った。では、エルドアンとは、どんな人物なのか？

その前に少し脱線しよう。おそらくメディアは、ロシアとトルコの歴史的な軋轢《あつれき》が、事件の背後にあると書きたてるであろう。

実際、ロシアとトルコは長い間、敵対関係にあった。オスマン・トルコの時代、トルコは世界有数の強国であった。そのオスマン・トルコ帝国の最大の敵は、ロシア帝国であった。最初の露土戦争は、1568年に勃発し、ロシアの勝利に終わった。その後、1676年、1686年、1710年、1735年、1768年、1787年、1806年、1828年、1853年、1877年、1914年と計12回にわたり、350年間、戦い続けてきたのだ。ロシアの6勝2敗3分けといった結果なのだ。

だから、1904～05年の日露戦争でロシアに日本が勝利したことは、トルコ国民にとっては愁眉《しゅうび》を開く出来事だった。以後、トルコ人の親日感情は格別に深いものとなったのだ。当時、トルコ人の新生児の多くに「トーゴー」という名前が付けられたそうだ。東郷平八郎海軍元帥は、トルコの英雄となったのだ。

また、近々に、日本に親善訪問に来て遭難したトルコ海軍のエルトゥール号の「美談」が映画化されて公開されるようだ。美談小説も刊行されている。エルトゥール号の親善使節は、明治天皇に拝謁したのちに、台風シーズンの危険を冒して出航し、紀伊半島の樫野崎（現・串本町）の岩礁で座礁し、水蒸気爆発を起こして沈没してしまった。乗組員のうち587名が死亡するか行方不明となり、69名が地元民に救助され生還した。地元民は、台風のおかげで食うや食わずだったが、自分たちの食料を提供してトルコ兵たちを救ったという美談があるのだ。だが、その美談は、今論じている件とはあまり関係がない。

トルコ空軍の対露爆撃機攻撃は、国と国の関係で起きたものではない。2国間の歴史もあまり関係ない。注目すべきは「エルドアン」という大統領の周辺である。そのエルドアンなる人物を真に理解するには、15世紀まで遡らなければならない。

トルコといえば、思い出すのは、ロックフェラー一族である。100歳となった今でも米国1％の頭目であるデービッド・ロックフェラーは、トルコに縁を持った一族の長なのである。15世紀、ロックフェラー家はスペインにあり、国家内国家を作って大地主となり、君臨していた。いわば、ユダヤ王的存在だった。1492年、スペイン・ポルトガルのイサベル女王とフェルディナンド5世は、ユダヤ教徒に改宗するか国外退去するかを迫った。ユダヤ教徒追放令である。ロックフェラー家は、ユダヤ人を宗教弾圧の被害者と見做《みな》して保護する国、つまり、トルコに逃れた。以後、フランスを経て米国に渡ったのだ。

さて、トルコに定着して「偽装」改宗したユダヤ人たちは、今、どうしているのか？当時、スペインに残ったユダヤ人たちは、偽装改宗者、つまり、マラーノと呼ばれていた。「ROCKWAY EXPRESS」の2010年6月11日の記事に「Real Jew News」が引用されている（http://www.realzionistnews.com/?p=509）。

「テサロニキは当時スペイン系ユダヤ人によって成り立っていた。このユダヤ人はイスラム教徒に改宗したが、ユダヤ人としてのアイデンティティーは秘密裏に保持し、ドンメーとかクリプト・ユダヤと言われていた」

「初期のシオニズムの創設者の一人であるヴラジミール・ジャボチンスキーなどのボルシェビキ系ユダヤ人との連携で、アタチュルクと彼の『青年トルコ団』（ほとんどがユダヤ人）は、アタチュルクの軍将校団を通じて、世界的なシオニズムとそのユダヤ人指導部との同盟関係に入った」

「トルコ軍の現在の軍参謀長はイルケル・バスブグ将軍で、彼は『クリプト・ユダヤ』である。（前任の）ブユカンもイスタンブールに生まれイスラム教徒に改宗はしたが、『ドンメー（秘密）・ユダヤ』だ」

同じ「ROCKWAY EXPRESS」の2012年9月26日の記事では、さらに以下の記載がある。「重要なことは、エルドアン自身が生粋のトルコ民族の出自ではなく、隠れユダヤ人である、ということだ。これはトルコ軍を作り、建国の父と言われているアタチュルクも実は隠れユダヤである、ということがあり、トルコの枢要な部分が、トルコ人ではなく隠れユダヤによって構成されている国家がトルコである、ということなのだ」と結論付けている。

どういうことか？　トルコ建国の父といわれるケマル・アタチュルクも、彼の率いた青年トルコ団も、ユダヤ人の組織だったという。トルコ革命は、ユダヤ革命だったというのだ。そして、21世紀の今、トルコの領袖の座にあるエルドアンもまた、隠れユダヤ人だというのだ。トルコは、トルコ国民の知らぬうちに、長い間隠れユダヤ人の支配下にあった。したがって、15世紀にスペインのユダヤ教徒追放令でトルコに移住したユダヤ人たちの末裔であるエルドアンと、同じくトルコに逃れ、その後、米国に渡って、米国1％の牙城を築いたロックフェラー一族の現在の当主、デービッド・ロックフェラーとは「同じ出自」を持つ盟友ともいえるのだ。だから、隠れユダヤ人エルドアンが、トルコ空軍を使って、ロックフェラーの戦略の手伝いをするのは、ユダヤ人同士の助け合いなのだ。トルコ国民とはかかわりのないことなのだ。

そして、エルドアン自身には、もっと切実な危機が降りかかっていた。エルドアンは、息子にISISの原油をイラクのISIS支配地域から運び出す商売を担当させていたのだ。破格の安値でISISから買った原油をトルコのタンクローリーで運び出していた。

トルコは、原油と武器弾薬をISISとバーター取引していたのだ。その原油を精製して販売し、巨利を得ているのがイスラエルなのだ。すべてがユダヤ人繋がりなのである。後述するが、ISISもまた、ただの陳腐な「隠れユダヤ人組織」にすぎない。馬鹿馬鹿しいほど単純な構造なのである（エルドアンの息子とISIS幹部の蜜月写真を131ページに掲載しておく）。

ペスコフ報道官：ロシア政府はエルドアン氏の息子の石油ビジネスにおける個人的利害についての情報を入手している

ロシア「Sputnik」２０１５年11月28日
http://jp.sputniknews.com/russia/20151128/1239915.html

ロシア政府はトルコのエルドアン大統領の息子の石油ビジネスにおける個人的利害についての情報も入手している。ロシア大統領府のペスコフ報道官が述べた。「私はロシア大統領の発表に依拠している。一定の情報はある。それがどれほど精確なものなのかはわからないが、一定の関心はある」。テレビ番組「土曜ニュース」の中で述べた。ペスコフ報道官は、トルコ新内閣のエネルギー大臣の職務には大統領の息子がついている、と指摘した。

先にシリアのムアレム外相は、エルドアン大統領の息子はロシアで活動が禁止されているテロ組織「イスラム国（ＩＳ）」との違法な石油取引に加担している可能性がある、と発表していた。外相はまた、トルコがシリアでロシアのSu-24を撃墜したのは、エルドアン氏の息子の石油会社の利益のためだ、と述べている。

トルコ大統領息子がＩＳＩＳ原油密輸を担当

https://youtu.be/IFcPIAHolbQ

ＩＳＩＳがイラクで盗む原油はトルコ大統領の息子 Bilal Erdogan の会社 BZM Ltd が輸送している。ロシアのプーチン大統領はG20でトルコの原油輸送トラックの衛星写真を見せることでＩＳＩＳスポンサーの国を非難した。ロシアとアメリカはＩＳＩＳの収入源を断つことを決定。ロシアはこれまでに500台以上の輸送トラックを破壊した。ロシアはフランスにも協力を要請している。

「ザ・ISISロックフェラーズ」：どのようにイスラム国の石油はイスラエルへと流れるのか

2015年11月26日：Al-Araby/Global Research（27日）

http://www.alaraby.co.uk/english/features/2015/11/26/raqqas-rockefellers-how-islamic-state-oil-flows-to-israel/ http://www.globalresearch.ca/the-ISISI-rockefellers-how-islamic-state-oil-flows-to-israel/5491897

ISISの密造原油を売りさばいていたとされるエクソンモービルは、2011年10月のトルコ大地震の直前に、黒海で深海掘削していた。盗掘された石油は、（ビラル・エルドアンが大株主のひとりである）BMZによって、トルコのジェイハンへ運ばれ、そこからタンカーでイスラエルへ輸送し、そこで偽造書類を受け取って、EUで売りさばく仕組みだという（http://velvetmorning.asablo.jp/blog/2015/11/28/7927379）。

ISISの主たる資金源は、この原油の密売である。その手引きを主にトルコがやっている。背後関係を正確に把握しているロシアのプーチン大統領は、ISISの原油関連施設を集中的に空爆して、ISISの資金源を断つという、まさに正当な戦略を実行したのだ。それまで、ＩＳＩＳを叩くと称して、だらだらと攻撃をするふりをしてきた米軍は、2年もの間、ＩＳＩＳの原油施設の攻撃を意図的に避けてきた。ＩＳＩＳが勢力を保ち、勢力を拡大してくれることが、米国1％の利益となるからだ。

プーチン氏は、そんなことは先刻ご承知である。だから、ＩＳＩＳ空爆を始めてほんの数週間で、ＩＳＩＳの石油関連施設を含む拠点のほとんどを、空爆で壊滅させてしまったのだ。エルドアンの息子が管轄するトルコのタンクローリー500台が、ロシアの空爆で破壊された。エルドアンは、自分の「家業」をロシアに潰されて怒り心頭だったろう。だから、トルコ空軍に商売の邪魔をするロシア機を撃墜させたのだ。ＩＳＩＳの石油施設を空爆の帰り道のスホーイ24爆撃機を。

米コロンビア大学研究者は、トルコがＩＳＩＳを全面的に支援している事を突き止めた

Researchers confirm Turkey's links to ISIS　http://panarmenian.net/m/eng/news/201206

トルコ政府が独断でロシア軍機を撃墜できないという見方が強く、米国支配層が黒幕だった可能性

http://plaza.rakuten.co.jp/condor33/diary/201511250000/

アメリカ側に撃墜を承認したグループが存在しているとするなら、それはネオコン／シ

オニストだろう。ビクトリア・ヌランド国務次官補やジョン・マケイン上院議員が属している勢力だ。

すでに書いたことだが、マケイン上院議員を中心とするグループがトルコのレジェップ・タイイップ・エルドアン大統領に対し、国防総省はバラク・オバマ大統領と対決する用意ができていて、これを知っているロシアはシリアから手を引くと伝えたとする情報がアメリカから流れていた。

ちなみに、ロシア軍によって配下のアル・ヌスラ／AQIやISが壊滅的なダメージを受けるなか、マケインのネオコン仲間であるリンゼイ・グラハムはロシアの航空機を撃ち落とせと語っていた。

マケインとエルドアンの話が事実だった場合、世界はきわめて危険な状態になる。ロシア政府がネオコンの脅しに屈するとは考えられず、実際、ミサイル巡洋艦「モスクワ」を海岸線の近くへ移動させ、何らかの敵対的な行動が予想された場合は攻撃すると警告した。そこへフランスの空母「シャルル・ド・ゴール」とアメリカの空母「ハリー・S・トルーマン」が向かっている。

蛇足だが、安倍晋三をはじめとするグループが服従している相手はネオコン。アメリカを戦争へ引きずり込むため、日本が暴走させられることもありえるだろう。

炎上墜落するロシア爆撃機

ロシアとトルコ、どちらの主張が正しいのか

エルドアンの息子（マル囲み）とISIS幹部

ロシアに空爆されるタンクローリー

ドイツ紙、「トルコがＩＳＩＳから原油を購入」

２０１５年11月29日

http://japanese.irib.ir/news/latest-news/item/60191

ドイツのタブロイド紙ビルトが、「テロ組織ＩＳＩＳの管理下にある石油施設へのロシアの攻撃により、トルコがこれに不満を抱き、ＩＳＩＳからの石油の主要な購買国になっている」と報じました。ビルトによりますと、トルコの貿易商はテロ組織や過激派との石油購買契約に調印しており、これによりこうしたテロ組織などは、原油の売却により1週間当たり１０００万ドルの収入を得ているということです。ロシアのプーチン大統領は、トルコ軍がロシアのスホーイ24型爆撃機を撃墜した後、「どうやら、トルコ政府はテロ組織と共謀していると見られる。それは、シリアで過激派の管理下にある地域から原油を購入していることによる」と語りました。また、ビルト紙は「ロシア政府は、しばらく前にＩＳＩＳの管理下にあるシリアの一部の地域からトルコに石油が移送されたことを裏付ける情報を入手している。

隠れユダヤ人が支配する世界

トルコのエルドアン大統領一族が、隠れユダヤ人だった。ウクライナのポロシェンコ大統領も、本名をワルツマンという生粋のユダヤ人だった。サウジアラビアを支配するサウド家も、実は、ユダヤ人だった。米国を支配する「米国1％」も、隠れユダヤ人の集団だった。ロックフェラーも、ブッシュもクリントンもチェイニーもケリーもブレジンスキーも、エリツィンも……。ため息が出るほど、隠れユダヤ人だらけなのだ。

ほかにも隠れユダヤ人が国家の首脳を務めたケースは枚挙にいとまがない。英国のトニー・ブレア政権の主要閣僚3人は、いずれもユダヤ人だった。有名なストロー外相も。英国王室と近かったマンデルソン議員も。レビーはその名の示す通りである。

ヨーロッパと〝ユダヤ嫌い（Anti-Semitism)〟

http://www.jiyuu-shikan.org/oversea/18/186/eco.htm

英国のユダヤ人は約30万、いろいろな方面で繁栄している。政治的には多くが左派であったが、サッチャー、メージャー時代には右派に転じ、ユダヤの血を引く人々が財政、国防、外務、内務などの主要閣僚ポストに就いた。トニー・ブレアが中道に移ると、多くのユダヤ人は労働党に戻り、議会にもユダヤ家系の議員が進出している。

これで、世界の構造はお分かりいただけたろう。公にはユダヤ人だと出自がばれていない人物が、国家の領袖の座を占拠する。そして、どこの国でも米国1％のために政治を捻じ曲げる。だから、どこの国でも国民のための政治など、絶対に行われないのだ。

そして、ユダヤ人のいない国では、「マイノリティー」がユダヤ人の代わりに起用される。国家に反逆的な要素を持ったマイノリティーだ。日本では、在日や部落が。その頂点に立つのが安倍晋三だ。イラクあたりではクルド人が。中国においても、共産党の領袖のほとんどがマイノリティーである「客家人《はっかじん》」だという偶然は無視できない。毛沢東、周恩来、鄧小平。そして、中華圏では、台湾の李登輝、シンガポールのリー・クワンユー、タイのチャバリットが客家である。これが偶然であろうか？　そして、客家人は「東洋のユダヤ人」と呼ばれているのだ。

ビン・ラディン一族もイエメンから出たユダヤ人である。親族は、イスラエルにユダヤ人として在住している。ビン・ラディンは、ユダヤの出自を隠して米国の敵役を演じた。おかげで米国1％は、911以後、イラクとアフガニスタンを侵略できた。両国とも「ビン・ラディンと関係している」悪の枢軸だとして。

ビン・ラディンは米国に留学経験がある。ビン・ラディンは若い頃、ムジャヒディン・ゲリラの頭目として、アフガニスタンのソ連傀儡政権と戦った。ビン・ラディンを支援し、資金提供をしたのは、米国1％の重鎮、ズビグニュー・ブレジンスキーだった。

アフガンでの戦闘で戦費を費消したソ連は、経済崩壊し、ソビエト連邦は解体された。ビン・ラディンは、米国1％にとって得がたいパートナーだったのだ。この人物の一族は、サウジアラビアでビン・ラディングループなる中東最大の建設会社を経営している。そのビジネス・パートナーは米国1％の主要企業で、世界最大の建設会社である米ベクテル社なのだ。すべては「ユダヤ」繋がりなのである。

ビン・ラディンは、米国1％から「イスラム過激派に転向して、米国の敵役になり、米国の他国侵略の口実を作れ」という指令に基づき、汚れ役を引き受けた。911の偽犯人を演じたのだ。ビン・ラディンは隠れユダヤ人だ。だから、同じく隠れユダヤ人であるサウド王家とも近い関係にあった。

911テロ直前、ドバイのアメリカン病院に腎臓病治療で極秘入院していたビン・ラディンのもとには、CIAドバイ支局長だけでなく、サウジの王族も足しげく見舞いに通っていた。その事実をフランスのフィガロ紙が一面トップですっぱ抜いたのだ。

今、911におけるビン・ラディンと同じ「敵役」を演じているのが、ISISなのである。だから、頭目バグダディが、本名をサイモン・エリオットというモサド工作員なのだ。ISISを捕虜にするとイスラエル軍の大佐が混じっているのだ。ユダヤ国家米国が提供した武器弾薬をISISが使用しているのだ。

ISISを支援している国にトルコやサウジアラビアが含まれる。当たり前のことだ。どちらも隠れユダヤ人が支配する国なのだから。ISISは、ただただ単純に米国1％の別働隊であり、シオニスト軍、イスラエル傀儡軍なのだ。

米国1%、シオニストにとって「敵役」起用の歴史はさらに遡る。アドルフ・ヒットラーは、ヨーロッパのユダヤ人を迫害して中東に追い出し、戦後、イスラエルの建国を可能にした隠れユダヤ人だった。つまり、ヒットラーは「イスラエル建国の父」なのである。ウィーンのユダヤ・ロスチャイルド男爵の隠し子の子であったゆえ、血筋は申し分がない。そして、ナチスの主要幹部も、だれもかれも隠れユダヤ人だった。ナチスは、シオニスト組織だったのだ。

戦後、ナチスが600万人のユダヤ人を虐殺したとされて、世界の民は、ナチスを憎んだ。だが、それは世界の人々の憐憫《れんびん》を引き出し、イスラエルの正当性を認めさせ、世界から資金をイスラエルに流入させるためだった。6万〜7万人ほどのユダヤ人が収容所で亡くなっているのは事実だが、600万人ではない。ナチスのユダヤ人虐殺はあったとしても、それはユダヤ人によるユダヤ人迫害だった。むしろ、ユダヤ人よりもポーランド人やジプシー、そして障害者がナチスの犠牲者だったのだ。

ヒットラーも、ビン・ラディンもシオニストのための敵役を立派に果たした。21世紀の今、同じ敵役を任じているのがISISなのである。

隠れユダヤ人だったのは、ヒットラーだけではない。第二次世界大戦当時の参戦国の領袖は、皆、隠れユダヤ人だった。米国のFDR、つまり、ルーズベルト大統領は、本名をローゼンベルトというオランダ系のユダヤ人の末裔《まつえい》だった。英国のチャーチル首相は、父方は確かに英国貴族だったが、母方はニューヨーク・タイムスを経営するユダヤ人だった。ソ連のスターリンは、おそらくパリのロスチャイルド男爵がグルジアでもうけた「落とし子」であると思われる。ソ連を作ったレーニンの「ボルシェビキ」の指導者たちは、ほぼ90%がユダヤ人であった。最近になって、プーチン大統領もその事実を認めている。

つまり、第二次大戦は、ユダヤ裏社会が企画し、隠れユダヤ人に各国の実権を握らせて、でっち上げた「やらせ戦争」だったのだ。

その偽物の戦争に日本は引き込まれ、250万を超える国民を失い、2000万のアジア人の命を奪ってしまったのだ。太平洋戦争を企画し、日本を唆《そそのか》して真珠湾を攻撃させたのは、「ローゼンベルト」ユダヤ大統領だったのだ。そして、ルーズベルトの後を引き継ぎ、広島・長崎に原爆を落としたトルーマン大統領も、ミドルネームに「ソロモン」を持つ隠れユダヤ人だった。そして、連合軍総司令官として、戦争末期にナチスの収容所への補給路を爆撃して、収容者の多数を餓死させ、投降したドイツ兵100万に食事を与えずに餓死させたアイゼンハワー将軍がいる。彼は大量虐殺の功績でトルーマンの後任の大統領となったのだ。もちろん、スウェーデン系のユダヤ人である。

世界は長い間、シオニストに騙《だま》されてきた。世界の歴史はシオニストに都合の良いように作文され、歴史教科書になって、世界の民を欺いてきた。世界の富は米国1％がそのほとんどを独占し、米国1％以外の70億の民は、貧困と抑圧にあえいできたのである。

第4章
米国1%の対日謀略

南九州地震の失敗

2015年11月13～14日、パリ惨事と同期するかのように不可思議な情報が駆け巡った。南九州で巨大地震が発生し、1万8000人が津波に呑まれたというニュースが米国や欧州のメディアで発信されていたのだ。

最大震度4、マグニチュード7・0の地震が発生したのは事実だったが、実質的な被害はほぼ皆無であった。海外在住の日本人は、非常に驚かされ、肉親の安否を気遣ったと聞く。この地震は、パリ惨事と同時刻に発生したという。発生場所は戦艦大和の沈没地点と合致する。震源地は、国内で初めて再稼働を始めたばかりの川内《せんだい》原発にほど近い。

RKブログ書き込み

当日は、NHKラジオを聴いていました。最大で震度4、津波の予想高さが1メートルなのに、通常の番組はそっちのけで、異常なまでに地震情報を30分以上も繰り返していました。この異常な報道で、大規模な破壊を目的とした人工地震と判断しました。

この地震で、九州では緊急地震速報が発せられ、緊急警報が携帯電話で鳴り響いたという。当然、人々は地震が来るぞと身構えた。だが、最初の少しの揺れだけで、本震はこなかった。これが人工地震を疑わせる所以《ゆえん》なのだ。緊急地震速報は「最初のP波が大きければ、次の本震であるS波も大きい。大地震となる恐れがある。S波が到達するまでに10秒程度掛かるから、その間に地震に備えろ」という意味合いのものだ。だが、人工地震にはS波は無い。よって、緊急地震速報は外れる。

緊急地震速報が「はずれ」るワケ

http://richardkoshimizu.at.webry.info/201103/article_154.html

「核実験は、自然の地震と違いP波（縦波=初期の速い波）が大きく顕著である。S波（横波=後の遅い波）は小さい」わけです。核爆発で発生するP波は「大きくて顕著」なのだそうで、当然、緊急地震速報のシステムは、地震が核爆発によるものとは想定していないから、普通の自然の地震であるならその後に来る「S波」も大きいはず、大地震のはずと「演算」して警告を発するのではなかろうか？　だが、実際には、核爆発で発生する「S波は小さい」ので、全然揺れない。「速報、外れ」となる。

人工地震には、周到な準備が必要だ。海底のあちこちに深い穴を掘り、核爆弾を落とし込まなければならない。作業に多くの艦船や潜水艦を必要とする。時間も掛かる。

３１１以降、人工地震を疑う声がネット上に渦巻いている。米国１％は、大きな地震を起こしたくても常時監視されているから、周到な準備ができない。時々、ロシアの航空機が日本の領空近くを飛行して、航空自衛隊がスクランブルに飛び立つが「ロシアは日本の周囲の海で暗躍する某国潜水艦を監視してくれている」と見る向きも多い。中国やロシアの人工衛星も、海面近くを遊弋《ゆうよく》する某国潜水艦の群れを容易に捕捉できるであろう。

潜水艦を核爆弾敷設に使用すると、特定の海洋哺乳類が三半規管を損傷されて集団座礁する。ゴンドウクジラとイルカである。３１１でも、ニュージーランド地震でも、直前に、それが起きた。もし、クジラが陸《おか》に揚がれば、ネット住民が「人工地震だ！」と騒ぐ。だから、潜水艦を満足に航行させられない。人工地震の準備がおざなりになる。見切り発車すると、震度４くらいにしかならない。

カナダの人気ポップミュージシャン、ジャスティン・ビーバーは、南九州で大地震があり、１万８０００人が死んだとのニュース速報に反応して、パリと日本の両方に哀悼の意を捧げた。

「パリのために祈ろう」「日本のために祈ろう」

https://twitter.com/justinbieber/status/665343111053230080

13日（日本時間14日）にジャスティン・ビーバーが日本へ哀悼の意を捧げてくれました。アメリカでは、誤報で九州南部が大地震で崩壊だったんですよね。

14日の震源の深さは10キロですので、人工地震が失敗したのでしょう

http://gensen.sakura.ne.jp/survive/wp-content/uploads/2015/11/jasuthinn3.png

３１１が人工地震であったことを知っている識者たちは、巨悪が再び、「南九州で人工地震を起こし川内原発が放射能漏れを起こした」という偽シナリオを実行しようとして、人工地震惹起に失敗したものと判断した。筆者も同意見である（３１１は、原子炉の破損を偽装した偽放射能テロであり、多少の放射能汚染を原子炉外で「巨悪」が発生させたが、実害はない。詳しくは、筆者の自費出版本『３・11同時多発人工地震テロ』を参照されたし）。

『3・11同時多発人工地震テロ』リチャード・コシミズ著

3・11東日本大震災は、深海で核兵器を爆発させて引き起こした人工地震・津波テロ

（１）地震で日本の原発で事故が発生したことにする。だが、実際には地震の前に原発の運転を止め、燃料棒も秘密裏に抜いておく（地震前に安全管理契約をハザール仲間の企業に請け負わせ地震と同時に電源が切れるなどの細工を仕組んでおく。911方式）。

（2）地震後、放射能漏れを偽装するために小型プルトニウム爆弾で建屋を破壊し、多少の放射能をまき散らす。地震誘発のための核兵器使用を隠蔽する目的も同時に果たす。

（3）以後、原発の状態が重篤であると偽装し、米国企業の「支援」を仰がせる。GE、ベクテルなどのユダヤ企業は最初から危険がないと知っているが、極めて危険だと偽装してたっぷり金を掛けて「廃炉」費用20兆円ほどを日本からふんだくる。

（4）最終的にチェルノブイリ式にコンクリートで覆ってしまうので、なにがあったかは分からず、中身が空っぽだと知られることもなく、米国政府と米国企業が恩を売り、日本の属国化がさらに進行する。一旦東北にはいった米軍は常駐し、以後の日中対立、日露対立の激化に寄与する。金融ユダヤ人が儲かる。

パリと日本とで二つの大事件を同時に起こして、一気に世界を混乱に巻き込もうとした「巨悪」がいる。

ジャパン・ハンドラーズと安保法

米国1%による日本支配の構図は、戦後70年間、続けられてきた。だが、その支配構造が顕在化したのは、ここ10年くらいのことである。米国経済がひどく疲弊し、日本に頼り、日本から略奪しないと米本国が立ち行かなくなったのである。

米国1%は、なりふり構わず、日本を利用することに決めた。そして、日本に飼っている傀儡たちを総動員して、米国1%の「挽回作戦」に「協力を強要」しているのだ。

今、日本で起きていること、安倍政権のやることは、どれもこれも「米国1%の差し金」という前提で考えれば、疑問は氷解する。

なぜ、安倍晋三は安保法を強行可決したのか？　あんな無理を通せば、国民の支持を失うではないか。だが、それが米国1%の意向であり、安倍晋三は、言われたとおりにしただけなのだ。

安保法案の強行採決で、日本は大揺れに揺れた。国会周辺は、安保法案に反対する市民で溢れかえった。テレビのアンケートでも、安保法案反対者は絶対的多数であった。それでも、安倍晋三政権は、自民党と公明党の議員を総動員して、無理やり、法案を可決した。

俳優の石田純一氏は、反安保デモに参加してマイクを手に取った。思いのたけを叫んだ。その結果、どうなったのか？　「テレビ番組の出演を3つキャンセルされました。35年の芸能生活でこんなのは初めてです。ＣＭも1本なくなったし、広告代理店を通して、厳重注意も2、3社から受けました。『二度と国会議事堂にデモに行くな』『メディアの前で政治的発言をするな』ってね」と石田純一氏は語っている。

つまり、安倍米国1％傀儡政権のやることに反対すると、電通から各メディアに通達が行って仕事を干されるのだ。さらには電通そのものからも、厳重注意を受けるということだ。日本のメディアは、電通を介して、米国1％の付属物になり下がっている。だから、公正な報道などするわけがない。

安保法案に反対する国民の声は日に日に大きくなっていた。事態を憂慮した米国1％は、国民の安保法案への関心を殺《そ》ぐよう、日本の飼い犬たちに指令した。テレビのデモの映像の放映は極力抑えさせた。NHKに安保法案審議の国会中継を止めさせた。当然ながら、NHKに抗議が殺到した。あまりの反響の大きさに、NHKは次の国会審議を仕方なく中継した。NHKは確実に米国1％のためのプロパガンダ機関となっている。国民に必要な情報を報道しないという手口によって。

NHK、安保法案の国会審議を中継せず

http://www.asahi.com/sp/articles/ASH5V76YDH5VUCVL02K.html?iref=sp_extlink

26日に始まった安全保障関連法案の国会審議を、NHKは中継しなかった。この日あったのは衆院本会議での代表質問など。NHK広報局は「必ず中継するのは施政方針演説などの政府演説とそれに関する代表質問というのが原則」と説明する。原則外のものはケース・バイ・ケースで対応しているという。27日の特別委員会は関心が高いので中継

「日本のために祈ろう」と世界に発信された南九州地震

反対の声が国会中継を復活放送させた

国会前 埋め尽くす声

ドキュメント 大規模デモ

車道に人「決壊したぞ！」

核心

「きょうが終わりじゃない」

国民の意志を無視して強硬可決の安保法

するという。

安保法案を考えたのは、傀儡・安倍晋三でも東大卒の官僚でもない。その雛形は、ジャパン・ハンドラーズなる対日侵略軍司令官二人が書いたものだ。「アーミテージ・ナイレポート」がそれである。そこに書いてあることを忠実に実行しようとしているのが、安倍晋三と不愉快な仲間たちなのである。安保関連法案の制定、集団的自衛権の行使容認、南シナ海の警戒監視活動、特定秘密保護法の制定、武器輸出3原則の撤廃、原発再稼働のすべてが、この米国1%が派遣した二人の強面《こわもて》オヤジの報告書に記載されている。つまり、これは対日要求書であり、安倍晋三は、このレポートに基づいて法案を捏造しているのだ。

安倍晋三が、集団的自衛権の行使容認を決める前、さっさと決めろと期限を切って圧力を掛けてきたのは、ジャパン・ハンドラーズの三羽烏、カート・キャンベル、リチャード・アーミテージ、マイケル・グリーンだった。そして、安倍が常套手段の閣議決定で決定を下した後、真っ先に拍手喝采をしたのは、ウクライナやシリアで暗躍する、ＩＳＩＳの盟友、ジョン・マケイン上院議員だったのだ。

今国会中の閣議決定を＝集団自衛権で米知日派（ワシントン時事）

時事ドットコム　２０１４年5月21日

キャンベル前国務次官補ら米国の知日派の有識者は20日、安倍晋三首相が目指す集団的自衛権の行使容認について、（２０１４年）６月22日に会期末を迎える今国会中に憲法解釈の変更を閣議決定することが望ましいとの考えを示した。ワシントンを訪問中の自民党の河井克行前衆院外務委員長、みんなの党の中西健治政調会長との会談で語った。河井氏によると、キャンベル氏は「東アジアの安全保障環境に鑑み、日米がともに対応していると示すことが重要だ。会期末までの閣議決定が強く望ましい」と表明。アーミテージ元国務副長官は「会期末までの閣議決定を１００％支持する」と語った。19日に会談したマイケル・グリーン元国家安全保障会議（ＮＳＣ）アジア上級部長も「会期中に閣議決定されることは重要だ」と強調したという。（以下略）

本来、重要な案件を国会に諮《はか》らず、閣議決定で決めるのは、常軌を逸している。国会に諮れば反対されると分かっているからだ。安倍政権下では、閣議決定で米国１％の奴隷たちが勝手に決めた重要案件が目白押しである。信じがたい蛮行である。それなのに、野党は抗議の声を上げない。野党も同じ穴の狢《むじな》なのである。

憲法学者ら「閣議決定断念を」　国民安保法制懇が声明

http://www.47news.jp/CN/201406/CN2014063001002213.html

集団的自衛権の行使を認める憲法解釈変更の閣議決定が7月1日に迫る中、憲法学者らでつくる国民安保法制懇は30日、「平和主義を捨て去る重大事。一政権の恣意的な解釈変更で認めることは、立憲主義の否定だ。閣議決定の断念を強く求める」との声明を出した。東京都内で記者会見したメンバーの伊藤真弁護士は「この国の形を大きく変えることが密室の与党協議でなされてはいけない。真剣な議論なしに国民の命が危険にさらされることは許されない」と訴えた。

国民に知らしめずに重大案件を決定するには「閣議決定」が一番有効なのだ。議会の反対の声を国民に聞かせない。メディアにも根回しして「小さく報道」させる。お蔭様で、日本は、憲法9条を改正せずとも戦争でどんどん国民を殺せる国になった。それも日本のためではなく、米国1%のための犬死なのだ。国民のほとんどはそれに気がついていない。閣議決定のなせる業《わざ》である。

安倍晋三偽総理は、国会答弁で山本太郎議員に、アーミテージ・ナイリポートと安倍政権の政策が一致している点を追及されると「偶然の一致」だと答弁している。まったく、開いた口が塞がらない。

この国の為政者は、他国の言いなりのただのロボットなのだ。本来、安保法に反対するデモは、国会だけでなく、アメリカ大使館に向けて行われるべきなのだ（注：外国公館へ

「アーミテージ・ナイ報告書」の対日要求と日本の安保政策などへの影響

報告書に記載された日本への要求		安倍政権の対応・検討事項
平時から戦争まで、米軍と自衛隊が全面協力するための法制化を行うべきだ	→	安全保障関連法の制定
集団的自衛権の禁止は日米同盟の障害だ	→	集団的自衛権の行使容認
ホルムズ海峡を封鎖するというイランの意思表示に対して、掃海艇を派遣すべきだ	→	ホルムズ海峡の機雷掃海
航行の自由を保障するために、米国と協力して南シナ海の監視を増やすべきだ	→	南シナ海の警戒監視活動
PKOを充実させるため、武力で一般人や他の平和維持隊を保護することが必要だ	→	PKOの「駆け付け警護」
日米間の機密情報を保護するため、防衛省の法的能力を向上させるべきだ	→	特定秘密保護法の制定
日本の防衛技術の輸出が、米国の防衛産業にとって脅威となる時代ではなくなった	→	武器輸出三原則の撤廃
原子力は日本の包括的な安全保障に不可欠な要素だ	→	原発再稼働

アーミテイジ・ナイ報告書に列挙された安倍政権への要求

テレビ朝日も報道するジャパン・ハンドラーズ

アーミテイジが米国1％の対日代表

のデモは、法律で禁止されています）。

なぜ、日本に戦争をさせたがるのか？

では、なぜ、米国１％は、日本に戦争をさせたがるのか？　実に簡単な理由である。米ドルを守るためだ。ドル防衛が目的なのだ。中国の経済的台頭が、米国の覇権を揺るがしている。中国のＧＤＰ（国内総生産）は伸び続け、実質的に米国のＧＤＰを追い抜いている。米国は粉飾決算でＧＤＰを水増ししてきた実績のある国であり、実際のＧＤＰは２０００年に比べ半減しているという。

米国政府の重要な公式統計が、シンプルなことに「フェイク」なのである。それに、米国のＧＤＰの大きな部分が「外国から借金をして、その金で外国から物を買い消費する」ところから生まれている。つまり、何も生産していないのだ。

米国のＧＤＰは２０００年に比べると実は半減したらしい

US GDP Declined Over 50% Since 2000 - By National Inflation Association (20/5/15)

http://www.futurefastforward.com/component/content/article/11070.html

Since year 2000, the US has reported nominal GDP growth of 69%, but this GDP growth is phony/fake–with most of it fueled entirely by the US government issuing record amounts of debt. Net of debt, US GDP has actually declined by 50% since year 2000.

もっとも、米国がフェイク大国であることは、ちょっと気の利いた人なら既に知っている。ＮＡＳＡ（米航空宇宙局）が火星にキュリオシティーなる探検車を送り込んで、火星探査を実施していると信ずる者は、日に日に減っている。キュリオシティーが火星から送ってくる火星表面の写真には、地球の砂漠に棲む地リスやトカゲ、黒白の小鳥、哺乳類の大腿骨、大型の鼠、魚類の化石が映り込んでいる。ＮＡＳＡのネット公開した写真から、世界中の有志が見つけたものだ。

そんなものが火星にあるわけがない。昼夜の温度差が大きく、大気がほとんどなく、水もない惑星に地球同様の生物がいるわけがない。

挙げ句の果てには、極北グリーンランド近くの島で火星探査の映像を撮っている証拠まで出てきた。ＮＡＳＡのマークの入ったトラックまで登場している。ＮＡＳＡは火星探査を偽装して、グリーンランドの島やネバダ砂漠あたりで映像を撮っていたのだ。

莫大な火星探査費用は、最小限に抑えられ、他の目的のために米国１％が転用しているのだ。おそらく、気象改変兵器の運用のために。

もっとも、アポロ計画による月面探査すら、フェイクだと分かってきている。アポロの宇宙飛行士は、薄っぺらい宇宙服を着て月面をピョンピョン跳ね回って見せたが、そんなことをしたら、太陽のフレア爆発で発生した強い宇宙線で被曝し、死んでしまう。

それ以前に、地球の周回軌道から離脱して月へと向かう前に、高い放射能があるバン・アレン帯を宇宙船が通過するときに被曝して重度の急性障害を起こしてしまう。人類は、今の技術では、地球の磁力線の外には出ていけないのだ。米国1％は、40年も前から「大きな嘘はばれない」を実行してきた。だから、GDPを粉飾するなど、朝飯前なのだ。筋金入りの詐欺師なのだ。

そして、貿易額で見ても、米国は中国に第一位の座を明け渡しているのだ。米国はモノを作って輸出する国ではなくなりつつある。日本にとっても最大の貿易相手国は、米国ではなく中国なのだ。


中国貿易総額が初の世界一、昨年、米国を抜く

２０１３年2月9日　読売新聞

http://www.yomiuri.co.jp/atmoney/news/20130209-OYT1T00302.htm

２０１２年の中国の貿易総額が、米国を抜いて初めて世界最大となった。世界経済に占める中国の存在の大きさを裏付けた形だ。米商務省が8日発表した貿易統計によると、12年のモノの取引に限った貿易総額は前年比３・５％増の３兆８６２８億５９００万ド

火星から送られた映像にＮＡＳＡのマークの入ったトラックが

地リスは火星にも生息している?

トカゲの姿もはっきり映っている

ル（約358兆円）となった。中国の税関当局の1月の発表によると、中国の12年の貿易総額は6・2％増の3兆8667億ドルと最高を更新し、僅差で米国を上回った。

そして、さらに米国1％に焦燥感を抱かせる事態が、今まさに進行している。

2015年11月30日、IMFが人民元を国際通貨と認める決定を下した。人民元が、米ドル、日本円、ユーロ、英ポンドと並ぶSDR通貨（特別引き出し権を構成する国際準備資産）となったのだ。米国は、この決定に必死に抵抗してきた。なぜなら、人民元の方が、米ドルよりもはるかにまともな通貨だからだ。米ドルの基軸通貨の地位は、激しく揺らいでいる。

人民元、SDR入りへ　ドル・円と並ぶ国際通貨に　IMFが11月にも結論

2015年10月26日　産経新聞

http://www.sankei.com/economy/news/151026/ecn1510260028-n1.html

国際通貨基金（IMF）が中国の通貨・人民元を11月中にも、特別引き出し権（SDR）と呼ぶ準備通貨に採用する方針を固めたことが26日わかった。ロイター通信が報じた。IMFは現在、5年に1度のSDR構成通貨の見直しを行っているが、ロイターによると、IMF関係者は人民元のSDR採用について好意的な結論を盛り込んだ報告書原案をまとめたという。ＩＭＦは早ければ11月下旬にも理事会を開き、人民元をＳＤＲに採用する可否を正式に決める方針だ。関係者は「（人民元をＳＤＲに採用する）技術的な面は順調に進んでいる」と述べた。人民元をＳＤＲに採用する最終的な決定はＩＭＦの理事会が行い、総議決権の７割以上の賛成を得る必要がある。正式に採用が決まった場合、準備期間を経て来年10月にも人民元がＳＤＲに組み入れられる見通しだ。

ＳＤＲは米ドル、円、ユーロ、英ポンドの４通貨で構成する仮想合成通貨で、ＩＭＦへの出資比率に応じて加盟国に供与されている。通貨危機などで外貨が必要となった加盟国が、ＳＤＲと引き換えに他の加盟国から必要な通貨を融通を受けることができる。人民元が採用された場合、４通貨に加えて人民元も融通してもらえるようになる。

人民元の国際化を進める中国は、ＳＤＲへの採用を強く求めていた。一方、中国の為替市場の閉鎖性などから、米国や日本などは慎重な姿勢を示していた。

米国１％は、中国を戦争に巻き込んで、経済成長の足を引っ張りたいのだ。それなら、米国が勝手に戦争を仕掛ければいいと誰もが思う。だが、話はいささか複雑だ。

21世紀の今、中国に因縁《いんねん》をつけて、大規模な戦争を引き起こすのは困難だ。中国は経済成長最優先の政策ゆえ、喧嘩を買ってはくれない。それに、米国には大戦争を遂行する財政的余力がない。米国が中国を直接怒らせれば、中国は保有する米国債１００兆円を売り浴びせるかもしれない。それだけで、米国経済は破綻してしまう。だから、代わりに日本に汚れ役を演じさせたいのだ。

大きな戦争を起こさずとも、中国の経済を叩きのめす方法がある。日中が対立し、ちょっとした武力衝突でも起こせば、日中間の貿易が止まる。これで、日中両国の経済を破壊することができるのだ。

「日中貿易は、日米貿易を凌ぐ規模に発展し、日本は大量の中間財・生産財を中国に輸出し、中国は消費財を日本にいやになるほど大量に輸出している」

これが現実だ。日本の最大の貿易相手国は、米国ではない。中国なのだ。日本にとって、米国の重要性は、年々低下している。米国は落ちめの国なのである。だから、米国に行く留学生が10年前に比べて半減している。米国にはかつてのような魅力がないのだ。

日本の輸入額第1位は中国から。日本の輸出額第1位は中国向け。

中国の輸入額第1位は日本から。中国の輸出額第3位は日本向け。

日本にとって最大の貿易パートナーは中国であり、もはや、米国などではない（この事実すら知らない人たちがたくさんいる）。中国には2万社もの日系企業が進出しており、その半数以上が、中国市場で商品を販売して黒字を出している。人件費の高騰と税制優遇策の廃止で、中国から撤退した日系企業もあるが、まだまだ多数が現地で精力的に活動している。

　こんな状態で、南沙諸島の紛争に自衛隊が巻き込まれて、日中間が戦争状態になれば、中国は、モノを生産するための中間製品や設備を日本から調達できなくなる。よって、生産に支障をきたす。そして、第3位の輸出市場である日本市場を失う。日本も最大の輸出市場を失う。中国製の汎用消費財が入らなくなり、イオンの売り場は空っぽになる。100円ショップも廃業である。

　日系企業は国内工場を閉めて中国に工場進出しているので、中国工場から自社製品が入らなくなると、途端に事業が成り立たなくなる。日中とも経済的に大打撃を受ける。喜ぶのは、日中の共倒れを期待するユダヤ金融資本である。よって、自国には無関係の南沙問題にユダヤ米国は介入し、自衛隊を引っ張り出して日中間の関係悪化を促進するのである。

　その意味では、戦争を拡大する必要はなく、米軍が小競り合いを演出し、日中紛争を捏造するだけで充分である。最小限の戦費で日中とも潰すことができるのだ。

　だからこそ、米国は何の関係もない南シナ海の問題に首を突っ込み、わざわざイージス駆逐艦を派遣して、中国を挑発しているのだ。集団的自衛権行使容認だの安保法だのは、この米国1％の戦争に自衛隊を引っ張り込むことが目的なのだ。

　釣魚島に、安倍晋三に近い自民党の女性議員が上陸を試みたのも、米国1％の意向によるものだ。中国を刺激する役割を立派に果たした山谷議員は、安倍政権下でなんと、国家公安委員長に抜擢された。この山谷議員に加え、自民党の稲田朋美政調会長が、自民党内の統一教会直系議員であり、米国1％、ＣＩＡの代弁者なのだ。稲田議員は、安倍晋三が「日本のジャンヌ・ダルク」だと持ち上げる人物であるが、50歳を過ぎてコスプレでご登場になって、ネット住民から爆笑されている。

ハロウィンにサリーちゃんの衣装でご登場になった元防衛大臣、小池百合子閣下と双璧を成す快挙である。どちらも、腹筋が痛くなるほど笑わせていただいた点で、国民の健康を増進した功労者である。

中国を「シナ」と蔑称で呼ぶ右翼風味の東京都知事（当時）が、尖閣諸島を所有者から買い取ったのも、中国を刺激するためだ。後ろで糸をひいているのは、ＣＩＡの極東代理店の統一教会だ。

石原某を国士と勘違いした中高年が高く評価しているらしいが、全くの誤認である。石原はトロツキストであり、ニューヨークのネオコン、つまり、米国1％の使用人なのだ。ニューワールドオーダーを実現するため、末端の使い走りとして起用されたのだ。

だが、中国は、「尖閣問題」の黒幕がユダヤ米国であることをしっかり理解している。

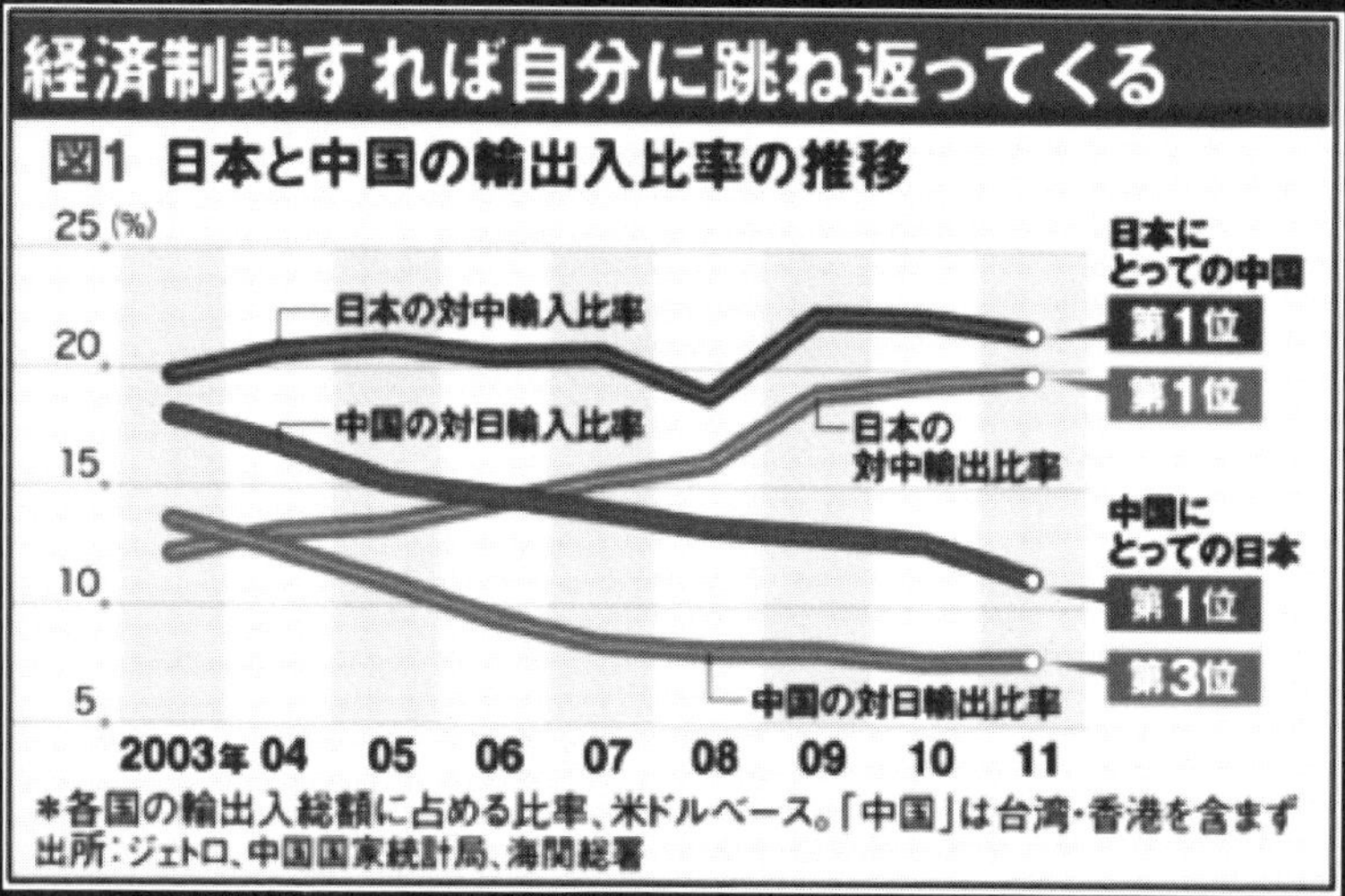

日中の相互経済依存は今やこれほどに

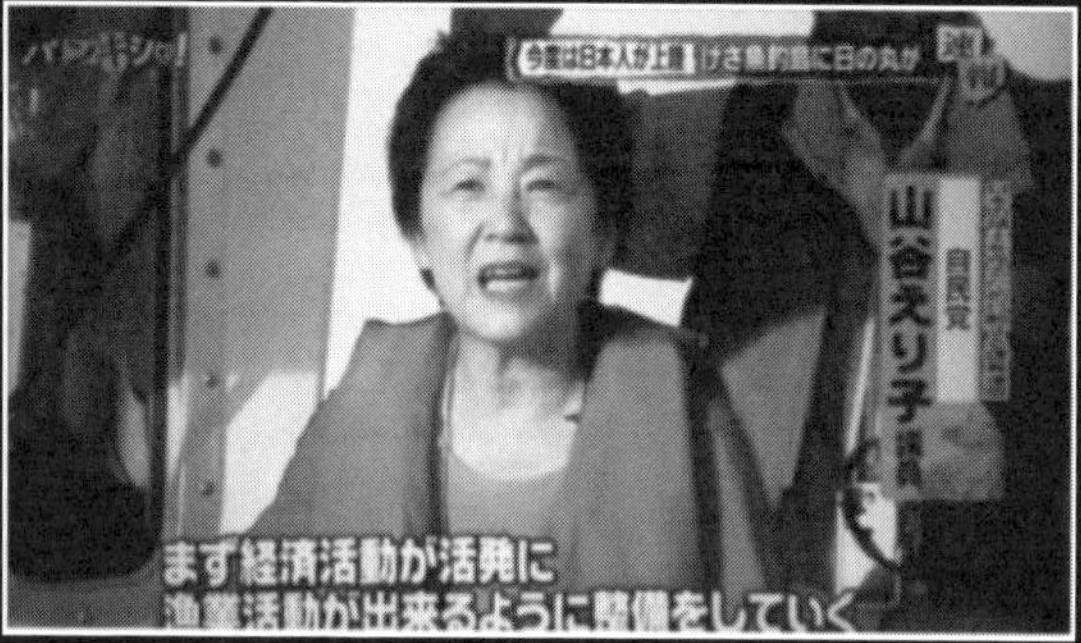

山谷えり子・元「国家公安委員長」

稲田朋美・自民党「政務調査会長」（56歳）と小池百合子・元「防衛大臣」（63歳）

日中の武力衝突　米国による介入に警戒せよ＝中国報道

サーチナ　2015年1月19日

http://headlines.yahoo.co.jp/hl?a=20130119-00000016-scn-cn

中国網日本語版（チャイナネット）によれば、中国社会科学院栄誉学部委員の馮昭奎氏はこのほど、日中の武力衝突が発生した場合、米国が中国の発展を終わらせるために介入する可能性に警戒せよと論じた。

「日中の武力衝突が発生した場合、米国が中国の発展を終わらせるために介入する可能性」に言及。言い方を変えれば、その目的で尖閣問題をCIAが引き起こしたということではないか。安倍首相が尖閣諸島問題について、「交渉の余地はまったくない」と語ったのは、安倍が米国1％の雇われ偽総理だからだ。安倍の口から発せられる言葉は、マイケル・グリーンかジョセフ・ナイが考えた台詞《せりふ》なのだ。

中国、韓国、日本が経済面で合体し、東アジア経済圏でも成立すれば、間違いなく世界最強の経済ブロックとなる。考えてみれば、この参加国の通貨は、すべて「EN」なのだ。東アジア統一通貨、「EN」が誕生してしまうのだ。米国経済などひとたまりもなく、崩れ去る。だから、日中、日韓は政治的に対立してもらわなくては困る。日中韓の経済的合体を阻むためだ。

だから、尖閣問題、竹島問題、慰安婦問題、教科書問題など、日中、日韓の軋轢《あつれき》を生むための論争が喚起され、安倍晋三や前原誠司が中国や韓国を挑発して怒らせようと必死なのだ。安倍晋三の周辺の似非右翼が中国、韓国を口汚く罵《ののし》り挑発するのは、すべて米国1％のためなのだ。

尖閣問題、日中の対立で米国が漁夫の利を得る
人民元の国際化妨害が狙い――中国メディア

レコード・チャイナ　2012年10月23日
http://www.recordchina.co.jp/a67770.html

各国のメディアでは、尖閣諸島をめぐる日中の対立の激化により米国が漁夫の利を得ると報じられている。（中略）米国経済の切り札は、世界で最も強い準備通貨である米ドルだ。そのため、米国にとってドルの影響力の低下は最も恐ろしく、容認しがたい事態である。中国の台頭にともない、人民元の国際化が注目を集めている。

十数億人にものぼる人口を抱える日中韓3国による自由貿易協定の交渉がまとまれば、世界経済成長のエンジンとなると見られている。こうした動きが米国への痛烈な打撃になることは間違いない。そのため、米国は日中間で絶えず争いの火種を煽り、東アジアの自

由貿易を阻もうとしている。これによる利益を受けるのは米国主導のＴＰＰだ。

尖閣諸島や南シナ海での日中の衝突は、もう一つの米国１％にとって喜ばしい効果を生み出す。戦争状態になれば、日中両国から外資が逃げ出す。日中ともに外国人投資家にとってリスクの大きい投資先となるからだ。これで、日中ともに設備投資の原資を失い、経済成長を止められる。日中から逃げ出した莫大な資金は、他に行き場がないから、米国に流入する。米国債が買われる。米国は、またぞろ、人様の金で息を吹き返すことができる。だからこそ、米国は日中戦争を挑発はするが、米国自体が戦闘に大きく関与することは避けるであろう。戦争当事国にはなりたくないのだ。

実際に尖閣での衝突が危惧されると、日中から外資が米国に逃避した。おかげで、人民元の基軸通貨化にブレーキが掛かり、米ドルは辛くも基軸通貨の地位を守ったという。尖閣も南シナ海も「ドル防衛」のために利用されているのだ。

尖閣問題はなぜ起きたのか？　すべては米国の陰謀だった——中国

レコード・チャイナ　２０１２年10月31日

http://headlines.yahoo.co.jp/hl?a=20121031-00000003-rcdc-cn

先日、ある海外メディアが尖閣問題の裏側を指摘する論を展開した。日中の対立を受け、大量の国際資本が両国を脱出、安全な避難先である米国に向かっている。これはまさに米国のシナリオどおり。尖閣問題は基軸通貨としてのドルの地位を守るための陰謀だったのだという。米国経済の最も根源的な力はドルが世界の基軸通貨であることに由来している。しかし今、その地位が揺らぎ米国から資金が流出する危険性も高まっていた。今年6月1日には人民元と日本円の直接取引も始まり、日本が外貨資産として人民元を保持する計画も進められていたという。いずれも人民元の基軸通貨化のためには重要なステップだが、尖閣問題ですべてはストップしている。すべてはドルを守るための米国の陰謀だったというのがその海外メディアの主張だ。

311人工地震と放射能漏れ偽装

同じ目的で米国1%によって引き起こされたのが、311人工地震である。「福島原発から放射能が漏れた」ことにすれば、東日本が壊滅すると世界中の人が思う。外資は日本から逃げ出す。外資が逃げ出せば、東証の株価が下がる。米国1%は、ここぞとばかり、底値で日本株を買い漁る。最小の投資で、日本企業の支配権を手に入れることができる。

だから、本当に放射能汚染で日本を叩きのめす気は、最初からなかったのだ。日本は復活してもらい、株価が戻ってくれないと困る。株価が上がれば、米国1%は利益を確保できる。それに本当に核汚染してしまえば、日本国内の米国1%の協力者も被害を受けてしまう。だから「エアー放射能汚染」を仕組んだのだ。野田政権に「レベル7」「チェルノブイリ超え」と言わせて、危機を煽ったのだ。福島原発の原子炉がメルトダウン、メルトスルーを起こしたと発表させたのだ。それが事実なら、阿鼻叫喚《あびきょうかん》の地獄絵が出現していたはずだ。だが、だれ一人、被曝死者は出ていない。

３１１大地震後、東証株価は急落した。地震発生から4日後の3月15日には、パニック売りが発生した。売りが売りを呼び込み、3月15日の終値は、８６０５円となった。3月11日の終値から２０００円以上の暴落となったのだ。

事前に３１１が発生すると知っていれば、プット・オプション（空売り《からう》り）を仕掛けておいて大儲けができる。これが、米国１％一味の通常の金儲け手段なのだ。壮大なスケールのインサイダー取引なのだ。

いったん暴落した株価は、徐々に回復していく。底値で日本株を買い漁っておけば、値上がりで、また大儲けだ。現に、震災直後、取引高は急増している。パニック売りをする日本の投資家から、外国人がニヤリとしながら安値で買いまくっていたのだ。被災という人様の不幸を生産しておいて、自分たちだけはたっぷり儲ける。ユダヤ金融詐欺師の面目躍如である。とてもまともな日本人には手を出せない魑魅魍魎《ちみもうりょう》の世界だ。

大地震が起きれば、株式投資家は復興特需が起きるのを期待して建設株を買う。株価が上がる。だから、３１１が発生すると予め知っていれば、３１１前に建設株をごっそり仕入れておく。建設株の「不動テトラ」は、311前まではほとんど値動きがなく、50円程度で推移していた。それが311発生後の数日間で250円近くにまで急騰した。50円で買った株を250円で売り抜ければ、数日で、投資額を5倍に増やせたのだ。

311の数カ月前に、普段ほとんど取引のない建設株が大きく商いされている。そして、311後、これらの株は、急騰している。150円が250円に。250円が400円近くに。50円が270円に。もちろん、米国1%は、この手口で大きく儲けるが、便乗して稼ぐ連中もいるはずだ。

それこそが米国1%の犬たちだ。犬たちは、311情報を事前に知らされて、建設株を買っておく。犬たちには、政治家や官僚も含まれる。これで個人的に儲かれば、米国1%への信頼は増す。米国1%の無理な要求でも聞くことになる。例え、どんな売国的行為でも。米国1%は、身銭を切ることなく、飼い犬たちに餌を与えることができる。人工地震を起こすコストは掛かるが、それは米国政府、米海軍に負担させればよい。

「3月12日~24日の1歳児の放射性ヨウ素による甲状腺内部被曝積算値予測(SPEEDI)」は、実測値ではなく、メルトダウンしたという前提での予測値を示している。

その「予測値」を見ると原発周辺では、なんと、積算値で10シーベルト以上となる。当然、フクイチ（東京電力福島第一原発）での作業などできない。近寄ることすらできない。そして5～0・1シーベルトの体内被曝を被った地域が原発を中心に広がっている。当然、これらの地域では内部被曝で健康被害が多発しているはずだ。チェルノブイリも真っ青の緊急事態である。

よって、原発周辺の10シーベルト超では赤ちゃんも含め、避難する前に大量に死亡しているはずだ。死んだか？　死んでいない。

SPEEDIの数値は実測値ではない。あくまで燃料棒がメルトダウンしたという前提でのシミュレーションである。では、燃料棒の大半が最初から抜かれていたらどうなるか？　シーベルト単位の内部被爆など起きない。現実はどうなのか？　ほとんど検出されないほど低い。

「内部被曝」という都市伝説

2012年1月5日　　　　http://ikedanobuo.livedoor.biz/archives/51766494.html

肥田氏は『週刊SPA！』で「内部被曝と外部被曝は違う」とかいう話をしているが、両者に本質的な違いはない。福島で高濃度の放射性物質が飛散したのは発電所のまわりの半径数キロメートルだけなので、放射性物質を吸引することによる内部被曝は考えられない。福島県の調査でも、今後70年間の預託線量が最大2～3ミリシーベルト、平均

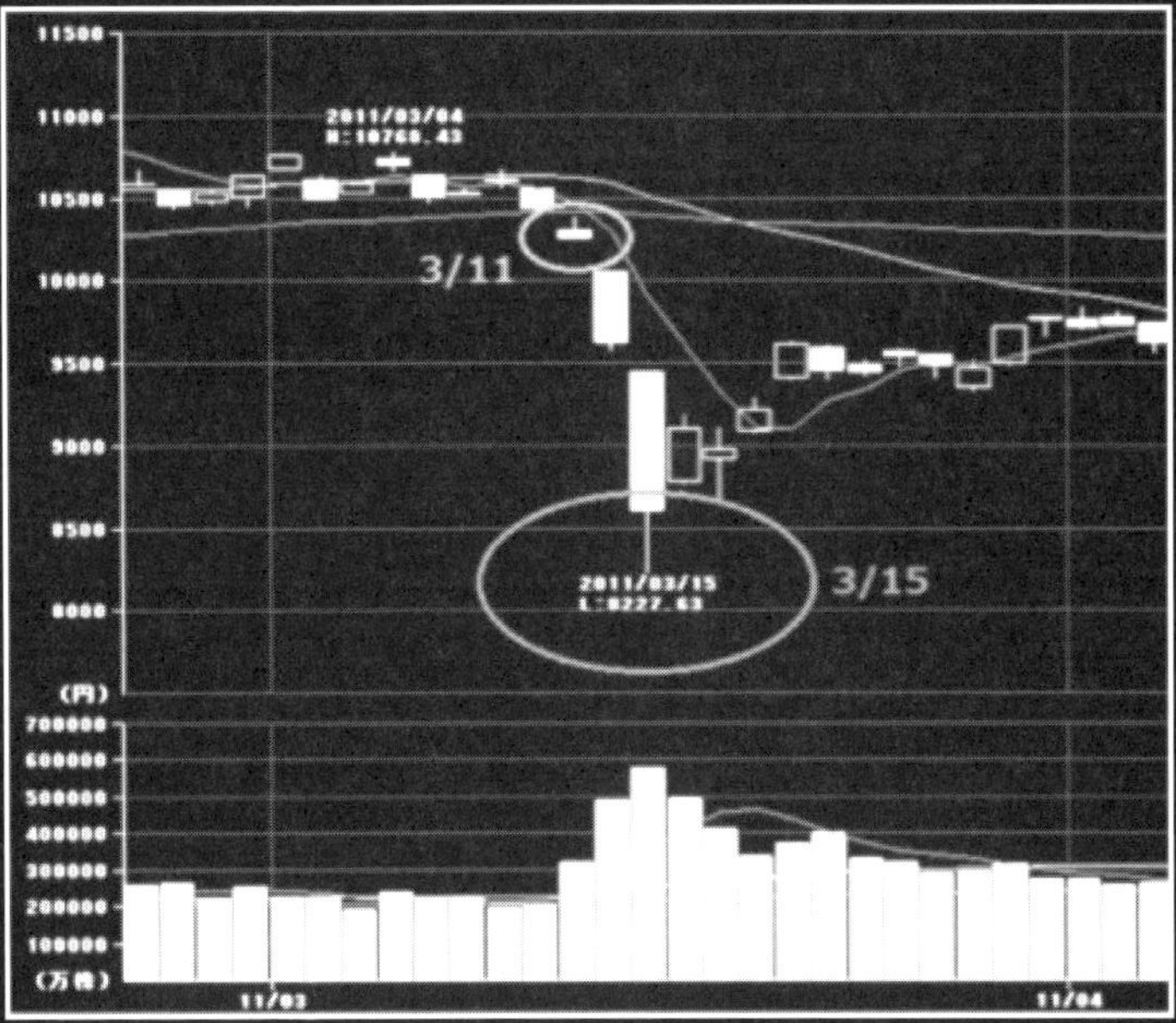

不審な値動きを見せた311直後の株式相場

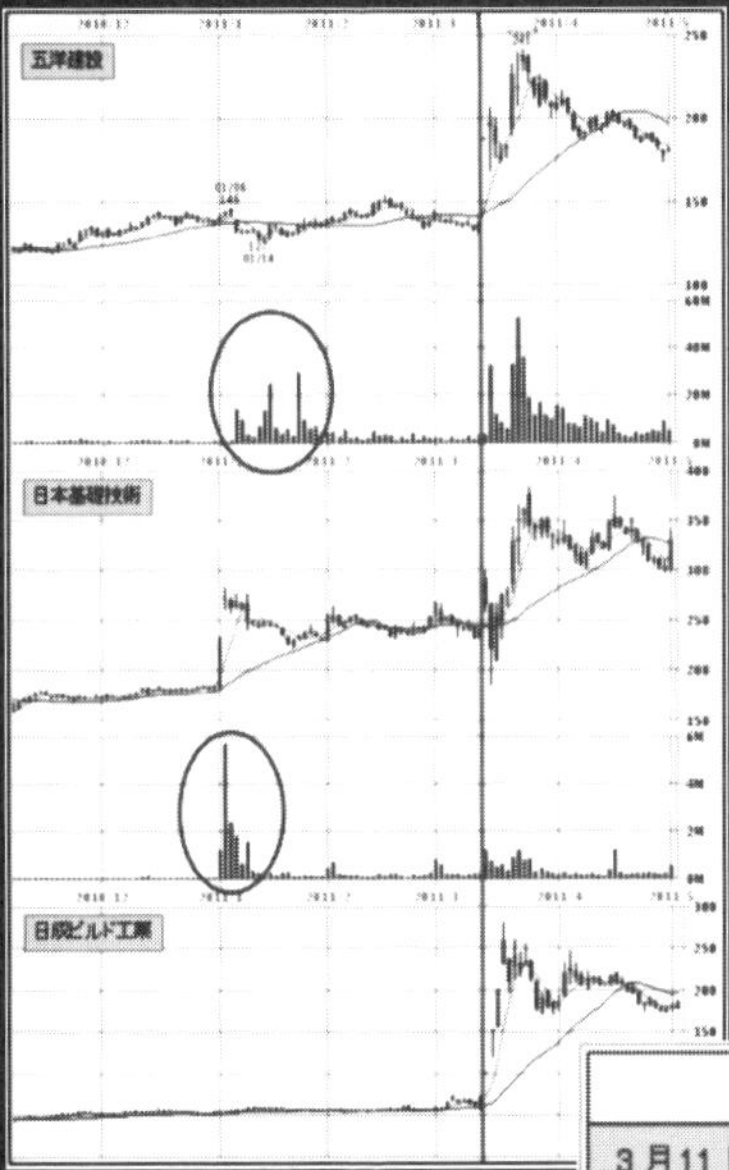

建設株の急騰はあまりにも不自然だった

震災当日と週明けの相場比較

	始値	高値	安値	終値
3月11日	10298.64	10378.55	10254.43	10254.43
3月14日	10044.17	10049.92	9578.65	9620.49
3月15日	9441.66	9441.66	8227.63	8605.15

1リシーベルト未満である。「下痢が続いて止まらない、しばらくしたら口内炎が出るとか、のどが腫れて痛いとか。多くの母親が心配していたのは子どもの鼻血です」という肥田氏の話は、朝日新聞が「プロメテウスの罠」でも紹介していたが、医学的には何の根拠もない。放射線が人体に影響するのは、原子をイオン化して電荷を変え、DNAの結合を切断する遺伝子レベルの変化であって、下痢とか鼻血のような障害とは無関係である。

追記：一挙に数シーベルト以上の致死量の放射線を浴びた場合は、幹細胞が死んで血球の減少や下痢、血便などが起こることもある。原爆の被爆地で起こったのはこういう急性被曝で、今回の事故とは無関係。

「下痢が続いて止まらない、しばらくしたら口内炎が出るとか、のどが腫れて痛いとか。多くの母親が心配していたのは子どもの鼻血です」……これらが放射線障害の急性症状であるなら、内部被曝数値は驚愕の高い数値となっているはずだ。だが、「愁訴《しゅうそ》」ばかりで内部被曝量の報告は無い。

メルトダウンが事実なら、すでに多くの福島住民が大量に被曝し急性症状で苦しみ、被曝死者が大量に発生しているはずだ。

実際、静岡県の浜岡原発でメルトダウンが発生したと仮定すると、東京都の西半分まで短時間に壊滅してしまうことになるはずなのだ。死屍累々なのである。だが、福島はそうはなっていない。放たれた牛がのんびり草を食《は》み、犬が元気そうに跳ねまわっている。

燃料棒はあらかじめ全部か大半が抜かれていたと考えるべきである。実際に、福島原発の作業員から「燃料棒は抜かれて搬出されていた。福島原発は、311当時、稼働していなかった」との証言も得られている。

以下は、内部被爆量検査の結果である。呆れるほどの低線量である。現在、内部被曝していない人が5年後に癌を発症するわけがない。内部被曝が問題だというなら、実測値を見ればいい。

小中学生の内部被曝量「非常に少ない」　福島・南相馬

http://www.asahi.com/national/update/1028/TKY201110280651.html

福島県南相馬市は(2011年10月)28日、市内の小中学生の内部被曝の検査結果を発表した。放射性セシウム137が検出された子どもは平均で体重1キロあたり7ベクレル。市は、体内に常時ある放射性カリウム40からの被曝量と比較して「セシウム137による内部被曝量はいずれも非常に少ない」としている。

福島原発周辺住民、内部被曝量は限度以下　京大など調査

http://www.asahi.com/national/update/1114/OSK201111140130.html

福島第一原発の20～70キロの圏内のスーパーマーケットで食料と飲料水を集め、放射性セシウムの含有量から食事による内部被曝量を推定。平均で年間0・003ミリシーベルトで、濃度の高い食料を毎日食べ続けたと仮定した最大値は0・083ミリシーベルトだった。（抜粋）

内部被曝81人判明　福島・二本松市獨協医大分室
木村准教授「問題ない量」　開所1カ月（2011年12月11日）

http://www.shimotsuke.co.jp/news/tochigi/top/news/20111210/675216

室長の木村真三准教授（放射線衛生学）は「最高値の方でも健康に問題のないレベル」としている。「想定内の結果。問題がないことを説明し、まずは精神的なストレスを解消することが重要」と木村准教授が説明する。最高値の市民は計3211ベクレル。人体の影響度合いで計算した場合、平常時の限度とされる年間1ミリシーベルトに達することもないという。内部被曝した市民の大半は、事故後の3月15日や同21日の大量放出時に屋外にいたことも問診から分かったという。外気からの大量吸入が主な要因と推定されている。（抜粋）

福島在住成人の内部被曝「気にする水準でない」　京大が調査

http://www.nikkei.com/news/article/g=96958A9C93819695E3E6E2E6808DE3E7E3E3E0E2E3E3E2E2E2E2E2E2

京都大の研究チームは15日までに、福島県内で販売されている弁当や大気に含まれる放射性セシウムの量から、福島県に住む成人の内部被曝量を推計したと発表した。今回調査対象とした地域に住み続けて同じ食事を取り続けたとしても、年間の放射線量は国の基準を下回るとしている。1年間同じものを摂取した場合、食事を通じた内部被曝量は平均で年間6・4マイクロ（マイクロは100万分の1）シーベルト、最大でも同83・1マイクロシーベルト、呼吸を通じた被曝量は年間最大76・9マイクロシーベルトとなった。合計しても国の基準値である同1ミリシーベルトを下回った。小泉教授は「食事や呼吸を通じた内部被曝はそれほど気にする水準ではない」と話している。（抜粋）

一時期、福島の子供の甲状腺がんが増えているという風説が駆け巡った。確かに、福島の子供の甲状腺がんは増えている。ただし、風説を煽る人たちは、以下の2点には触れない。

（1）福島では全数検査をしている。普段、症状でもなければ甲状腺がんの検査を受ける子供はいない。全量検査、しかも前例のない精密な検査をすれば、甲状腺がんが多く見つかっても当たり前である。

（2）甲状腺がんが見つかった子供に、0～5歳の子供がいない。放射線の影響を一番受けやすい乳幼児に発癌例がないということは、他の子供たちの癌も、放射線が原因ではないということだ。

福島の放射線量、被曝量は、お話にならないほど低い。だが、メルトダウンなどなかったとするなら、なぜ、それでも多少の放射線量の上昇が見られるのか？　やはり、原子炉に損傷があったから、放射能が漏れているのではないか？　普通の人はそう考える。

だが、筆者らは、311前に夜間だけ白人集団が福島原発に出入りしていたことを知っている。福島第一原発の「安全管理」をイスラエルのマグナBSP社が担当していたことを知っている。マグナ社の担当者が、311後、イスラエルに帰国して、テレビでそう語っているし、週刊現代も一度だけだが記事にしている。

http://gendai.ismedia.jp/articles/print/4639

週刊現代「経済の死角」

福島第一原発にイスラエルの会社の「謎」

4月下旬、福島第一原発1号機原子炉建屋の立面図がネット上に流出し、世界中に晒された。安全管理の脆弱さは津波対策だけに止まらないようだ。そしていま、またも気になる話が持ち上がっている。イスラエルの主要紙2紙が次のように報じたのだ。

〈防衛会社マグナBSPが福島第一原発内に設置した監視カメラは、問題が起きている炉心を内部当局者の視点で撮影し続けている〉（エルサレム・ポスト紙）

〈約1年前に導入されたマグナ社の警備システムは、（中略）放射性物質を入手しテロに利用しようとする敵対分子から発電所を守るため設計された〉（ハアレツ紙）

記事によれば、福島第一原発の警備システムの一部を日本の企業ではなく、イスラエルの会社が請け負っているという。マグナ社は10年ほど前に設立された社員十数名の会社で、昨年から東京電力と技術導入のため協議していたとのこと。同社トップのハイム・シボーニ氏は、エルサレム・ポスト紙の取材に「このカメラは放射性物質を感知することができる」と話している。

ではなぜ機密性の高い原発の警備システムの一部を外国の企業が請け負っているのか。原子力安全・保安院は、「福島第一に限らず、どんな機器を採用しているかは保安院に報告の義務はないため把握していない」とする。東電は「セキュリティに関しては一切お答えできません」とノーコメント。

たしかに外国製機器を採用してはいけない、といった規定はない。ただ、シボーニ氏は、「カメラの映像を受信するシステムに遠隔アクセスの設定もできるが、その許可は下りていない」と明かしている。安全保障・危機管理専門家の古川勝久氏はこう話す。

「これが事実であるなら、原子炉建屋内の重要な装置や機器の場所に関する情報等、核物質防護関連の機密情報が外部に漏洩するリスクが考えられる。外国企業とシステム運用ルールをしっかり決めて、契約履行の着実な管理が必須です」

原発に対する不安は消えるどころか、増える一方だ。

なぜ、マグナ社について後追い報道がないのか？　原発の安全管理という重要な仕事を担っていた企業が、３１１以後、全く追及されていない。メディアは知らぬふりを決め込む。米国１％にとって都合の悪い話だからだ。

２０１１年3月13日、３号炉で「水素爆発」が発生したと報道された。爆発時の映像も放映された。３号炉の建屋内部に水素ガスがたまり、これに引火して水素爆発を起こしたというのだ。だが、すぐさま、海外から「それは小型核爆発だ！」と伝わってくる。

福島原発の3号機爆発は核兵器だった？

２０１１年6月7日

http://bluestaryouzi.blog133.fc2.com/blog-entry-321.html

「この3号機の写真は3月24日に撮影されました。３号機が爆発の危機にあるというメディアの嘘をやめさせてください。３号機はとっくの昔になくなっています。３号機はすでにありません。メディアの話は最初から全て嘘です。本当の真実はJimstonefree-lance.comをごらんください。

３号機は疑いも無くすべて消えています。これは事故では起こりえません。完全に３号機が消えた唯一の理由は、核兵器です。核以外にあり得ません。マグマＢＳＰという核兵器がこの中の巨大カメラの中に隠されていたと思います。3号機の中に設置されていたのでしょう。
2つの塔はスリーマイル島の事故の後に設置されました。スリーマイルでは水素漏れによりメルトダウンし、その後に水素爆発を起こしました。これらの塔は多くの核施設で水素を漏らしメルトダウンの後の爆発を防ぐために設置されています。福島で起こった水素の話がとても信じがたくなります」

水素爆発のテレビ映像では音声が入っていなかった。だが、海外の報道では、明らかに3回の爆発音が聞こえている。水素爆発なら一度だけ、「ボン」と音がするだけのはずである。マグナ社が福島原発に設置した監視カメラに注目が集まった。外国から、監視カメラに似せた小型核爆弾だという情報が入ってきたからだ。

「福島3号機は核爆発」元原発検査員の藤原さん講演

http://www.agara.co.jp/modules/dailynews/article.php?storyid=258216

福島原発3号機で発生した爆発は、黒煙が上がったこと、鉄骨があめ細工のように溶け落ちていたことなどから、東電がいう水素爆発ではなく、核爆発であると述べた。東電や政府の発表を疑問視し「3号機の事実をキーワードにしてこそ、課題突破の道が開ける」と強調した。(抜粋)

原子炉に損傷が起きて、放射能漏れが発生しているのなら、放射線量は継続的に高いレベルを保つ。メルトダウンとは、時間の経過とともに収束するものではないのだ。だが、福島の線量は、水素爆発時に高レベルだったものが漸減している。外部の核爆発の証左である。日本政府は、米国からの強い要請で、フクイチの汚染水を海洋に放出した。それが海洋汚染の原因だと偽装するためだ。

東北沖の海底は、震源域に重なるように核汚染している。海底核爆発を起こして地震を発生させたからだ。だが、その事実を隠蔽し、福島原発が放射能の発生源だと偽るため、わざわざ、外部から小型核爆発を仕掛けて、原発周辺を汚染させたのだ。

そんなややこしいことをだれが実行できるか？　フクイチの安全管理を担うイスラエルの会社である。マグナ社は、原発の制御システムにウイルスを送り込んで、原発が正常に稼働していると偽装したと思われる。東電関係者は、何も知らずに原発事故が実際にあったと思わされているのだ。もっとも、原子炉内部に少しだけ燃料棒を残しておいた可能性はあるが……。

日本を放射能パニックに陥れ、経済を停滞させる。パニックで経済活動どころではなくなり、逃げ惑う。世界のマネーが日本から逃避して、米国に流れ込む。日本株が下落したところで、安値で買い漁る。これが、米国１％がやらかした３１１人工地震の真相であ

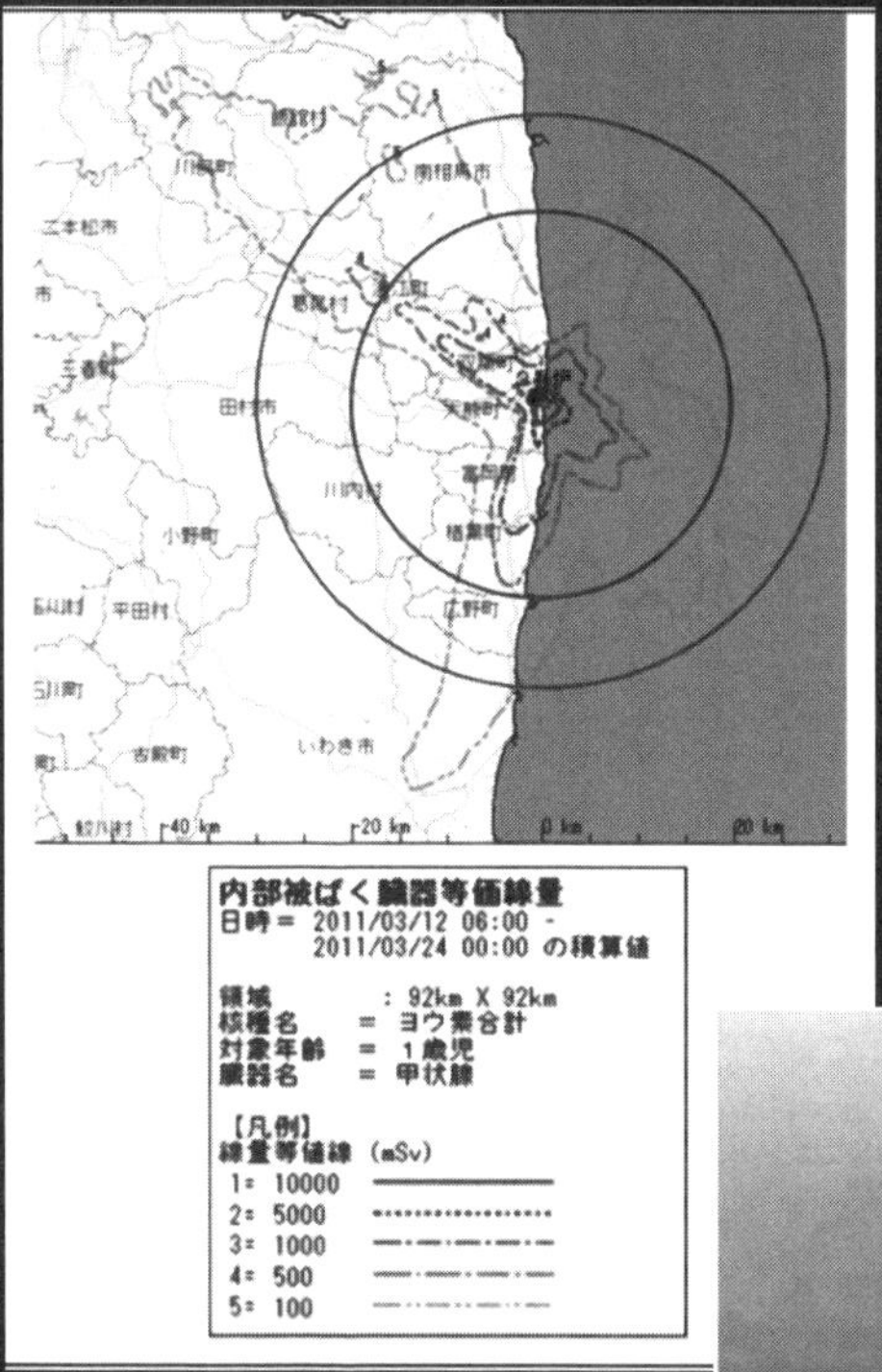

内部被曝の予測積算値

福島第一原発3号機が爆発した瞬間の映像

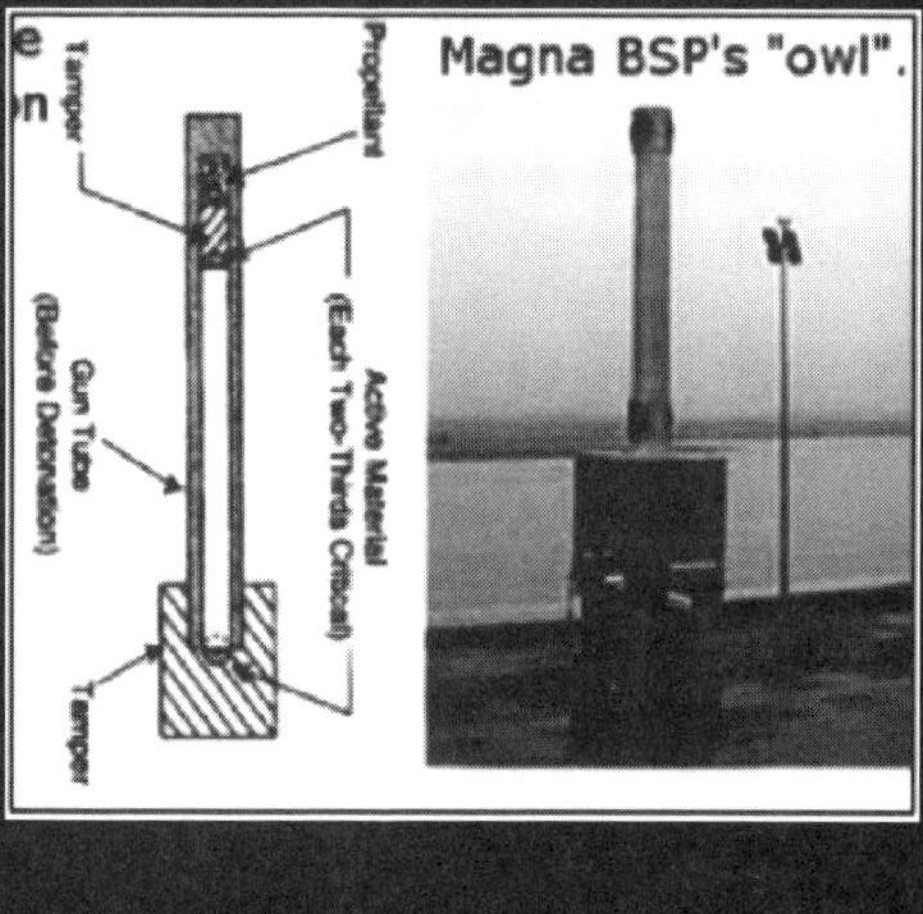

マグナBSP社製の装置

る。311とは「ドル防衛」なのだ。

311後、米空母「ロナルド・レーガン」の乗組員多数が、福島の事故で被曝したと集団訴訟を起こしている。実際に多くがすでに癌を発症し、死亡し始めている。だが、世界のメディアはこの大事件に一切触れない。米国1％が困るからだ。

「トモダチ作戦」で大量被曝した米水兵たち　すでに2名が白血病などで死亡

http://www.labornetjp.org/news/2015/0131goto

「トモダチ作戦に参加した原子力空母ロナルド・レーガンは三陸沖で、3月13日、福島第一1号機爆発による放射能プルームの直撃を受けた。空母は金属味を伴う生温かい雲に包まれたが、飛行甲板では作業が続けられた」。1月31日都内で開かれた「被曝学習会」の呉東正彦弁護士の報告は衝撃的だった。甲板の汚染が一番酷かったが、除染作業では防護服も付けていなかった。被曝を知っていた上官はヨウ素剤を飲んだが、一般水兵には配られなかった。米軍の報告書によれば、約5000人の水兵のうち約2000人に、呼吸器系・消化器系・妊娠異常・甲状腺がんなど体の異状が出ている。そして、すでに2名の若い兵士が「骨膜肉腫」と「急性白血病」で死亡した。

米空母「ロナルド・レーガン」は311震災の直後に、三陸沖に急行した。そこで、海底核爆発による強い放射線を浴びたのだ。これが福島原発に起因するというなら、なぜ、日本人には重度の被曝者が一人もいないのか？　矛盾をつかれると答えようがないので、米国1％は、メディアに緘口令《かんこうれい》を敷いているのである。今後、被害者はますます増えるであろう。どこまで誤魔化せるか、他人事《ひとごと》ながら心配である。

アメリカの「トモダチ作戦」に参加した米兵の総数は2万4000人。そのうち、空母「ロナルド・レーガン」からのトモダチ作戦参加者は5500人。もしロナルド・レーガンの乗組員からの参加者が上陸後の福島で被曝したとするならば、なぜロナルド・レーガンの乗組員だけに被害が出て、他の2万4000マイナス5500＝1万8500人の米兵に健康被害が出ていないのか、説明がつかない。

それよりも「ロナルド・レーガン」からの参加者が上陸後の福島で被曝したとするならば、福島原発で作業していた日本人は被曝して死んでいたはずだ。ということは、この「ロナルド・レーガン」の乗組員の被曝は、福島ではなく、どこか別のところで被曝していたということ。原発事故当時、「ロナルド・レーガン」は海岸線から185キロ離れた場所を航行していたにもかかわらず、これほどの健康被害が発生するということは、福島原発以外の何らかの原因がなければつじつまが合わない。

空母の乗組員たちは、311人工地震の海底核爆発で発生した「放射能プルーム」の直撃を受けたのだ。「空母は金属味を伴う生温かい雲に包まれたが、飛行甲板では作業が続けられた」から、皆、被曝したのだ。福島原発とは無関係だったのだ。今後、犠牲者はとんでもない数字となるであろう。

人間が作った天変地異

ここ数年、日本は不可思議な異常気象に襲われている。「50年に一度の大雨」「観測史上最大級の台風」といったニュースが毎週のように入ってくる。確かに、大雨で鬼怒川が50年ぶりに氾濫し大きな被害を生んだ。2年ほど前には、広島市北部で局地的な集中豪雨が発生し、住宅地が土石流に呑み込まれて大被害が出た。同一地点だけに長時間、猛烈な雨が降る。

だが、ほとんどの場合、気象庁は危機を煽っただけで終わる。身構えていた住民は、少しの雨が降っただけで止んでしまった「豪雨」に首をかしげる。双子の巨大台風が日本列島を直撃すると言われながら、はるか南の太平洋上を通過して去っていくのに「なんだまたか」と興味を失う。

311以降、地震が確かに増えた。大きいものでは震度5弱程度も発生している。日本中の火山も活動を活発化していると報道されている。一体どうしたのか？　火山帯が全然違う火山が脈絡もなく、噴火しそうな様相を見せている。桜島も喜界カルデラも阿蘇山も御岳山も富士山も箱根も蔵王も。

何かおかしい。気象庁は、「煽り役」を演じていないか？　大袈裟《おおげさ》に報じて、国民のパニックを呼び込もうとしていないか？

異常気象が打ち続くなか、筆者たちは「天候改変兵器」「気象兵器」に着目してきた。そして、どうやら、それらしきものの目星をつけた。豪雨や巨大台風の発生メカニズムである。筆者のブログ記事を紹介させていただく。

太陽光発電衛星からマイクロ波を発射して地表・海面を加熱し、集中豪雨・巨大台風を作れるか？（仮説）

http://richardkoshimizu.at.webry.info/201509/article_98.html

作成日時：2015/09/13 10:06

宇宙に太陽光発電衛星を打ち上げて、熱エネルギーを収集しマイクロ波に変換して地球に伝送する研究がなされています。ＪＡＸＡ（ジャクサ）が実験に成功したそうです。このマイクロ波を特定地域の地表に照射すると、地表の温度が上がります。その地点を雨雲が通過すると、集中豪雨が発生します。雨雲自体もマイクロ波で温められます。同じ地点だけに長時間、豪雨が降り注ぎ、土石流が発生し、川が氾濫し堤防が決壊します

(https://www.youtube.com/watch?v=ybN_jE6eyqU)。

2014年8月20日の「広島豪雨」ですが、広島市北部を雨雲が通過すると、必ずたくさんの雨が降る。「線状」の降雨です。茨城県常総市の豪雨も「線状」でした。同じマイクロ波を海面に照射すると海面の温度が上昇します。その地点を台風が通過すると台風が、温かい海水により強化され巨大化します。

日本・極東の上空の宇宙空間には、正体不明、国籍不明の巨大（全長50メートル）な静止衛星が浮かんでいます。目的は不明です。日本人のアマチュアの方が発見したそうです。「50年に一度の豪雨」「50年に一度のツイン台風」「日付変更線を越えてやってくる台風」を人工的に計画的に作り出すことができるようです。

以上、仮説でした（OTN君に感謝）。

極東上空の宇宙空間には、正体不明の人工衛星が浮かんでいる。国籍不明であり、国際機関にも衛星として登録されていない。全部で数十基もあるようだ。巨大な衛星であり、最大のものは全長100メートルもあるそうだ。

何を目的にこんなものをだれが打ち上げたのか？

1980年代、米国は宇宙空間に太陽光発電衛星を60基打ち上げて、ソーラーパネルを使って発電し、マイクロ波に変換して地上に送電する計画を持っていた。一基で500万キロワットを発電する計画だったという。

台風をあやつる　夢ではない天気の制御

「日経サイエンス」２００４年11月号

http://www.nikkei-science.com/page/magazine/0411/typhoon.html

将来は、太陽光発電衛星から送り出すマイクロ波ビームによって大気を加熱し、ハリケーンの温度を変えられるだろう。（抜粋）

もし、この衛星を米国が秘密裏に打ち上げていたならば、発電ではなく、土壌や海水の加熱に使用できるのではないか？

気象兵器を米露が所有していることは、気象兵器の使用禁止が国際条約で禁止された経緯もあるから、事実であろう。米国１％は秘密裏に太陽光発電衛星を使って、巨大台風や豪雨を作り出しているのではないか？

火山の噴火口の中にあるマグマも水分を多量に含んでいる。マイクロ波の照射を受ければ、水蒸気が発生して大爆発するかもしれない。

米国1％は、台風や豪雨、火山の爆発で日本人の日常生活を麻痺させ、生産活動の停滞を狙っているのではなかろうか。日本経済の弱体化のために。

例えば、富士山がほんの小規模でも爆発を起こせば、日本人はパニックになる。世界中の投資家も「日本の終わり」ととらえて、東京株式市場から資金を引き揚げるであろう。

そんな目論見が異常極まりない「天変地異」の発生の背後にあると思わざるを得ない。

だが、気象庁の予報通り、大きな被害などない場合ほとんどだ。気象改変兵器を使用する側もあれば、邪魔をして被害を食い止める側もあると見るべきか。ロシアが、米国の気象改変兵器の運用の妨害をしてくれているのかもしれない。

最近、中露が相次いで人工衛星を地上から破壊する実験を進めている。そして、何か宇宙空間から人工衛星の破片が地上に降ってきたというニュースもある。

米中露は、もしかしたら、宇宙空間で見えない戦争を始めているのかもしれない。日本に危害を加える人工衛星があるのなら、中露にぜひとも破壊していただきたいものである。国籍不明ゆえ、破壊しても誰も文句を言えぬはずだ。

日本で犬を飼う方法

日本の地方ボスたちは、米国1%の送り込んだ資産運用会社に騙されて、地方自治体、公営企業や学校法人の余剰金や積立金の運用を任せた。高利回りが口約束され、個人的なキックバックが与えられたから、地方ボスたちは一時は狂喜した。だが、リーマンショックで巨額の運用損が発生した。

表に出たのは、駒澤大学の154億円、慶応大学の225億円。真言宗総本山6・8億

浜岡原発がメルトダウンしたら

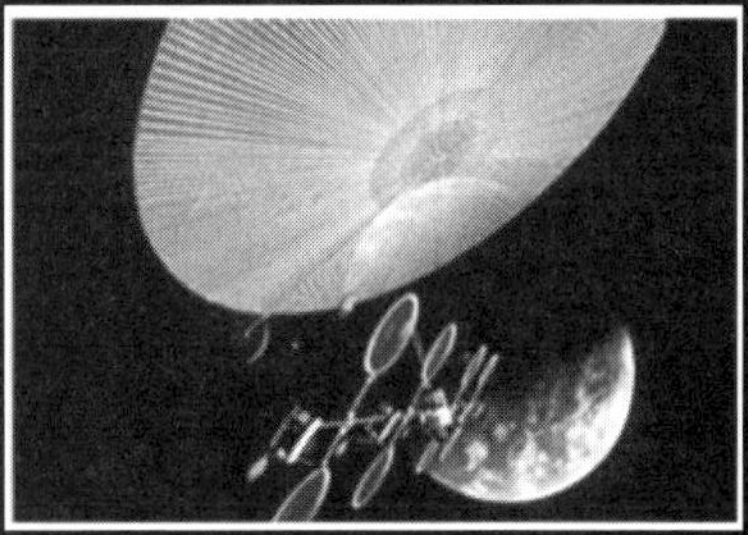

太陽光発電衛星

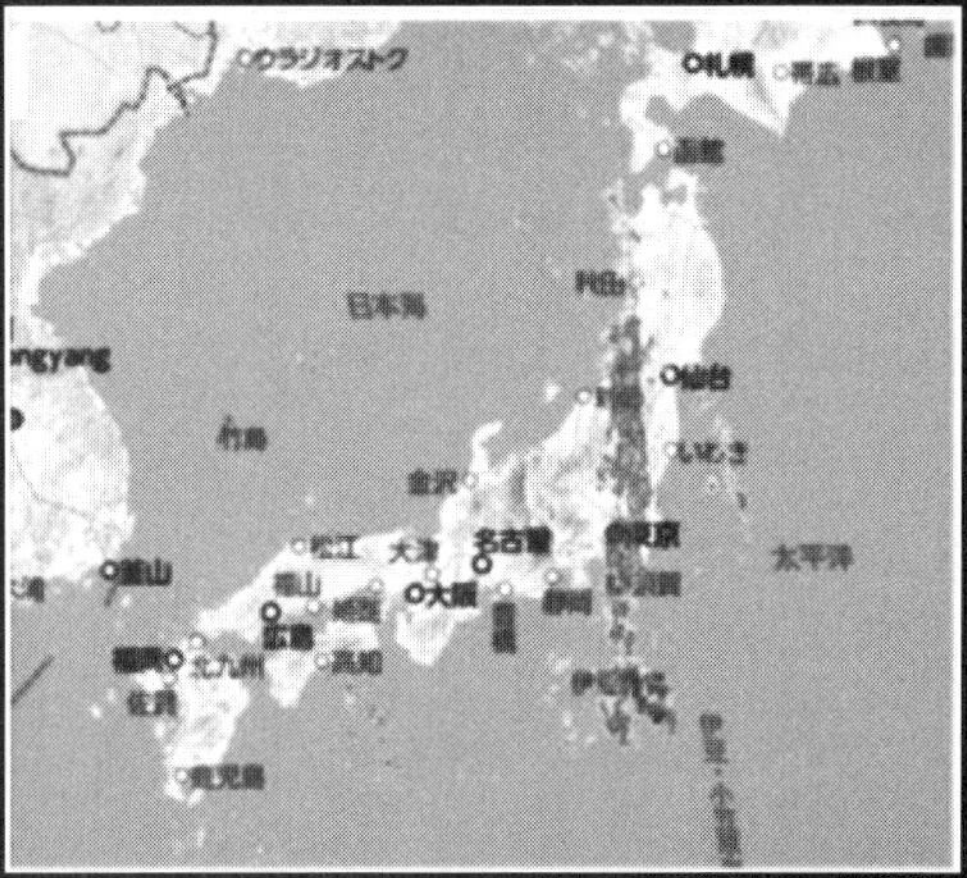

列島を縦断する雨雲は鬼怒川の堤防を決壊させた

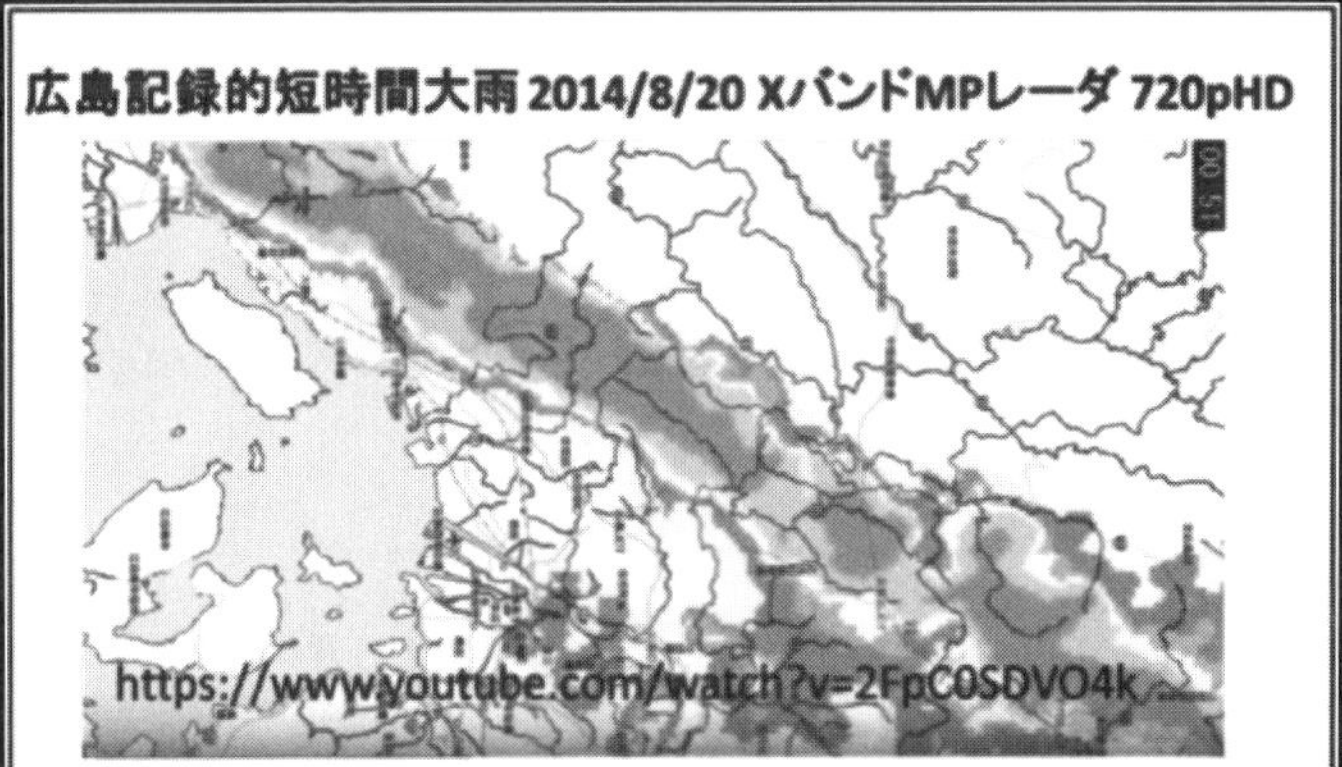

広島市北部を襲った線状の雨雲

円。だが、こんなものではすまない。

兵庫県朝来市、アベノミクスで評価損15億帳消し「万々歳」

http://headlines.yahoo.co.jp/hl?a=20130525-00000538-san-pol

基金運用のため為替相場に連動した「仕組み債」などを購入し、最大で15億円もの評価損を抱えた兵庫県朝来（あさご）市が、アベノミクス効果による最近の円安進行で評価損が解消し、59億円に上る保有債券すべてを売却・解約できる見通しになった。「リスクの説明が不十分だ」として購入元の金融機関2社に対し起こしていた損害賠償請求訴訟も取り下げるという。思わぬ「幸運」で財政破綻の危機から救われ、市の幹部らは胸をなで下ろしたが、混乱の責任はうやむやのまま。損が出れば提訴し、なくなれば撤回する〝ご都合主義〟の姿勢も含め、市民や議会からは市の無責任・無節操ぶりを批判する声が出ている。

日本中で巨額運用損を抱える地方自治体が、真っ青な顔をしているであろう。表に出てしまった運用損は、氷山の一角に過ぎないであろう。だが、そんな事実は公表できない。「市長」「理事長」や「会頭」の肩書を失ってしまう。

おそらく地方ボスたちには、米国1％の代理人がアプローチし、インサイダー株取引で儲けることを提案するだろう。人工災害やテロ情報を提供するから、株で儲けて損失を補《ほ》填《てん》してくれと。その見返りは、米国1％のための不正選挙に協力することである。地方ボスが、選管担当者の人選に口を出し、不正選挙が遂行されるように手配する。

米国1％のための不正選挙を日本人に幇助《ほうじょ》させるには、選管職員などの取り込みが必要だ。彼らが個人的に株取引で儲けられるようにしてやれば、選管職員は、喜んで不正選挙に協力する。地方ボスの口添えもある。裏社会に繋がった人物が、不正選挙遂行のために選管に配置される。

期日前投票箱をこっそり開けて、中身をごっそり入れ替える。創価学会信者の書いた偽票を投入する。コピー票や印刷票もだ。もともと選管には、米国1％の犯罪仲間である創価学会や統一教会の信者を多く配置してあるから、秘密は発覚しにくい。まわりまわって、311のような米国1％製の災害が、不正選挙を可能にしているのだ。

だが、少しばかりインサイダー情報で儲けたところで、損失の一部補填にしかならない。もっと株高を演出しないと、やくざもどこかの市長も理事長も、表に出せない運用損を抱えたままだ。

安倍晋三と日銀の黒田は、これらのごろつきのために株価を吊り上げる姦計を発動した。アベノミクスである。日銀の黒田が「異次元金融緩和」を実施する。市場にじゃぶじゃぶと資金を投入する。市中銀行は、顧客の日本企業に金を貸し付けたいが、今の時期、どこも設備投資の計画などない。借り手がない。余り金は、結局、米国1％の手先のハゲタカファンドがNYに持っていく。米国1％の金融企業は、この原資を元手に日本株を買う。円安で日本企業株はドルベースでみると値下がりしている。魅力的だ。米国1％から、どの日本企業の株を買うか情報が入れば、値上がりする予定の株を買っておくことで、日本の飼い犬たちは利鞘を稼げる。

安倍政権は、年金基金（GPIF）の積立金を株の賭博場に投入すると決定した。これはまた、株価を吊り上げる。企業の業績とかかわりのないところで、株価が引き上げられていく。

一方、外国株は円安ゆえ、売却すると円換算額は増える。これで、リーマンショックで外国株など運用損を抱えた地方自治体は、息を吹き返す。市長は責任追及を逃れてほくそ笑む。だが、この連中が笑うとき、国民はとんでもないツケを背負わされている。

もっとも、2015年夏の中国の景気減速で火が付いた株安で、地方ボスの皆さんは「あの時、売っておけばよかった。欲をかいて値上がりを待っていて失敗した」と蒼い顔をしていそうである。

第5章

日本の国富の奪い方

アベノミクスの罪

円安により、まず、輸入原材料が高騰し、石油製品や食料品の値段が上がる。次に、個人の金融資産は、円ベースでは安倍政権発足当時以来140兆円ほど増加した。だが、ドルベースでは、4兆5000万ドルのマイナスとなっている。円に換算すると500兆円ほど目減りしたことになる。国際的には、日本は、500兆円の金融資産を失った落ち目の国と映るのだ。そして、日本株だ。日経平均株価は、円ベースでは、2015年5～6月には2万円台をつけたが、ドルベースでは下がっている。外国投資家が、日本株を買いやすくなった。

ゆうちょ銀行は、1400億ドルの純資産だったものが、1000億ドル弱に目減りした。かんぽ生命は、187億ドルの純資産が130億ドルに下がっている。ゆうちょもかんぽも日本国民の巨額の資産を抱えている。農協（JA）も同じだ。

米国1％が、これらの運用権を手に入れれば、両方合わせて280兆円の資金を米国1％が勝手に運用できる。ゴールドマン・サックスやJPモルガンが、上場した両社の株を取得して経営権を握れば、安倍晋三に命令して、資金を株賭博場に投入させられる。米国1％の都合の良いように巨額資金が特定の株につぎ込まれる。その「乗っ取り資金」が円安で大幅に節約できるというわけだ。株価が上がり、安倍晋三はアベノミクスが成功して景気がよくなった結果だと、国民を騙《だま》す。ほかの経済指標はすべてネガティブだから、せめて株価だけは高くしておきたいのだ。

米国1％によるゆうちょ、かんぽの乗っ取りの環境が整備された。2015年11月4日、両社の上場がなされたのだ。

郵政3社上場「最後の大物」の成長性は？

http://www.tokyo-np.co.jp/article/economics/list/201511/CK2015110502000152.html

株式の市場への放出計画

Q　どういう手順で進めるの？

A　政府は親会社の日本郵政の株を段階的に売却して、三分の一超まで保有比率を下げる。日本郵政が持つゆうちょ銀、かんぽ生命の株式は当面、半分の売却を目指し、将来はすべて放出する方針だ。郵便事業を担う日本郵便は上場せず、日本郵政が全株式を持ち続ける。

巨大な資産を持つゆうちょとかんぽ、それに親会社だけを上場させる。郵便事業は儲からないし、略奪できる資産がないので、米国1％はいらないそうだ。だから上場させない。

これは、国家の危機である。米国1％が小泉なる売国奴首相に命じたのが、郵政民営化であり、郵貯マネーを米国1％が強奪するのが目的だったのだ。その売国奴小泉の構想を受け継いで、安倍晋三は、国富の米国1％への献上の最終作業に取り掛かっているのだ。

国富300兆円献上、郵政3社上場は売国政策のトドメになる

日刊ゲンダイ　2014年12月26日（抜粋）

http://www.nikkan-gendai.com/articles/view/news/156022

「1993年ごろから米国は郵政マネーを自国のために利用するプランを立て、虎視眈々と〝収奪〟を狙ってきました。日本への『年次改革要望書』にも記載し、それを具体化したのが、小泉政権の郵政民営化です。郵政マネーを米国に差し出すことは、日米間の既定路線。安倍政権は先の総選挙での自民大勝の勢いを駆って、民主党政権下で遅れた郵政マネーの米国献上を一気に片づける気でしょう」（経済アナリスト・菊池英博氏）

実は今年10月1日に、財務省は日本郵政株を上場する際の主幹事証券会社をとっくに決めていた。海外市場にも株を放出する方針で、そのメーン主幹事はゴールドマン・サックスとJPモルガンが担うことも決まっている。

問題は、ゆうちょとかんぽが、巨額の日本国債を抱えていることである。今年9月末時点での両社の国債保有額は計約202兆円を超え、その規模は日銀に次ぐ。「両社の株式が3割強ほど外資に握られたら、どうするつもりなのか。株主提案で『国債の運用比率を見直せ』と迫られたら、従わざるを得ません。両社が大量保有する国債の買い替えを渋るようになれば、日本の国債調達に一挙に穴があき、価格は暴落、長期金利が急騰する事態を招きかねません。両社の株が米国に渡れば、日本国債は常に暴落リスクにさらされることになるのです」（菊池英博氏）

上場の際の主幹事はゴールドマン・サックスとＪＰモルガンと決まっていた。米国１％に献上する資産なのだから、米国ユダヤ金融資本に運用を任せるのは当然のことだ。「郵政マネーを米国に差し出すことは、日米間の既定路線」なのだ。売国奴が米国１％様の御命令通りに進めていることなのだ。

ゆうちょ、かんぽの資金は、今まではその90％を日本国債で運用してきた。これが、一部でも株式運用に回れば、大口の日本国債の引き受け手がなくなる。国債は暴落し、長期金利が急騰する恐れが出てくる。だが、それが米国１％の望むところなのだ。

日本を財政破綻に追い込んで、米国同様の国家デフォルト状態を実現したい。米欧の経済がガタガタになっている今、日本の経済だけ健全であってもらっては困るのだ。

２０１５年初夏ごろから、世界の株式市場の様子がおかしくなってきた。世界同時株安である。中国の景気後退が引き金を引いたという。東証株価もじりじり下がってきた。８

月には、1万8000円を割り込んだ。これはまずい。

「アベノミクスの生命線」が大きく揺らいでいる 世界的株安、小手先では打開できぬ

京都新聞・社説　2015年8月26日

http://www.kyoto-np.co.jp/info/syasetsu/20150826_4.html

世界の金融市場の動揺が収まらない。週明けの各国の株価急落を引き継ぎ、きのうの東京市場は乱高下し、日経平均株価は700円余り下落して約6カ月ぶりに1万8000円を割り込んだ。6営業日続けての値下がりで、下げ幅は計2800円を超えた。欧米やアジアをまたいで株安が連鎖する中、比較的安全な資産とされる円が買われ、対ドル相場でも急速な円高が進んだ。

中国景気の失速懸念が大きな要因だが、背景には各国の金融緩和マネー流入で膨らんだ過熱相場の揺り戻しがある。小手先の政治介入や下支え策では解決し難く、不安定な市場環境が長期化するとの懸念も広がっている。円安と株高は「アベノミクスの生命線」だが、描いてきた景気回復のシナリオが大きく揺らいでいると言えよう。

安倍政権は、年金資金を株賭博場に投入したが、それでも下支えできない。こうなると、あるものすべて株にぶち込むしかない。米国1%にせかされて、今、安倍は、ゆうちょ、かんぽの資金を株にぶち込もうとしている。その次は、農協（JA）の数百兆円が略奪さ

れる予定だ。だが、そのあとはもうあまりない。

株価上昇の切り札に郵貯マネー⁉

日刊ゲンダイ　2013年6月13日
http://spweb.gendai.net/articles/view/syakai/142889

「ゆうちょ銀行は190兆円の資産のうち、9割を日本国債で運用している。株式はゼロです。そこで安倍政権が主導し、ゆうちょのポートフォリオを見直す。かんぽ生命の90兆円近くもプラスすれば、総額は280兆円。その10％でも株式に回せば、30兆円近くの資金が市場に流れ込むことになる。東証1部の時価総額は380兆円程度だから、かなりのインパクトになります。日本を離れた外国勢を呼び戻す効果も十分に期待できる」（証券関係者）

米国1％の餌食となる予定なのは、日本郵政だけではない。農協（JA）もまた、巨額の資金を持つがゆえ、ロックフェラーの侵略目標となった。安倍晋三お得意の「閣議決定」で、JA全中の解体が決められた。「農業の自由化」といった美辞麗句が用意されているようだが、米国1％の狙っているのは「JAバンクの自由化」だけである。農協の保有する数百兆円の資金を、ゆうちょ方式で、横取りしようと企んでいるのだ。かねてから米国が要求してきたことが実現するようだ。

http://saigaijyouhou.com/blog-entry-6059.html

アメリカが年次改革要望書やTPPで強く要望していた農協解体ですが、4月3日に政府与党はJA全中解体を含む農協法の改正案を閣議決定しました。

この農協法改正案には、JA全中を一般社団法人に転換することなどが盛り込まれ、目標として2019年9月までに実行することが定められています。全中がもっていた地域の農協の経営を監査する権限が廃止されることから、JA全中の収入源も消滅する方針です。

また、政府与党は農業の株式化等も決定し、農業の自由化と資本化を強引に定めました。JA全中側は抵抗を続けていますが、閣議決定された以上はどうしようもないです。他にもJA全中解体と同時に、数百兆円の資金を管理しているJAバンク等も自由化が推し進められることになります。

略奪の対象は、まだある。公的年金だ。

安倍晋三は、年金資金を株賭博場に投入すると決めた。GPIF（年金積立金管理運用独立行政法人）の巨額資金で株を買い、株価を上昇させようとした。だが、2015年夏ごろからの世界同時株安で、運用成績は惨憺《さんたん》たるものになった。7~9月の3カ月で年金は約9兆円も目減りしていたのだ！

これで、日本人は晴れて、年金生活を諦めることができる。支給額が激減し、支給年齢も引き上げられる。75歳支給開始の案もあるらしいから、平均寿命に到達するまでの僅か5年間ほど、お小遣い程度の年金をお上《かみ》から頂戴できることになりそうだ。素晴らしい。日本の老人には、死ぬまで辛苦を味わい、失意のうちに貧困の中で死んで行けと安倍晋三がありがたい配慮をしてくれているのだ。その御礼に手榴弾でも投げて差し上げたいくらいだ。

日本人は必死に働き律儀に年金保険料を払ってきた。その虎の子の資金は、株賭博場でゴールドマン・サックスらに都合の良い銘柄を買うのに使われて米国1％に利益を落とし、ついでに日本人の老後の生活を無茶苦茶にしてくれたのだ！　安倍晋三には感謝の言葉もない。

これで、日本人は死ぬまで働くか、貧窮老人となって街を徘徊するしかなくなる。街は荒れ、社会不安が増す。行き倒れ老人や自殺者が増加し、廃墟マニアにだけは天国となるであろう。

「これは酷い」年金積立金が株価暴落で10兆円も減っていたことが判明！

7〜9月期の運用成績はマイナス9・4兆円の見通し！
GPIFマイナス運用か 7〜9月、世界株安響く

http://www.nikkei.com/article/DGKKZO92283100Q5A930C1EN2000/

約140兆円の公的年金を運用する年金積立金管理運用独立行政法人（GPIF）は、7〜9月期の運用成績がマイナスになったもようだ。世界的な株安が響いた。運用損となるのは、2014年1〜3月期以来、6四半期ぶり。野村証券の西川昌宏チーフ財政アナリストの試算によると、GPIFの7〜9月期の運用損は9・4兆円だった。内訳は海外株の運用損が4・3兆円で、国内株は同5・1兆円。（以下略）

アベノミクスの主たる詐欺項目は「通貨供給量を増やして円安に誘導し、輸出産業の価格競争力を上げて輸出を増やす」という見え透いた嘘だ。輸出を伸ばして、日本経済を再生する？　円安で、そんなことが実現しないのは、安倍晋三も日銀の黒田某も先刻承知のはずだ。

日本の製造業の多くは、中国など第三国に工場を移してしまっている。円安で恩恵を受ける製造業は限られている。実際、黒田某の量的緩和以降、輸出額は横ばいであり、全く増えていない。しかも、国内の工場が調達する原材料価格は円安で高くなるから、円安のメリットは相殺《そうさい》されてしまう。

一方で、輸入食料は高くなり、加工食品も値段が上がる。庶民の生活は苦しくなる。円安で安く日本企業の株を買えるようになった米国1％は、株主の権利を大声で主張して、人件費を削らせる。労働者の実質賃金が減り、国民の購買力が減衰する。GDPが2四半期連続して減少する。米国1％は、日本経済弱体化が進み、喜ぶ。

安倍晋三は経済不振に触れない。メディアもまるでなかったことのように、GDP下降に触れない。触れても3行の記事でしかない。国民に気づかせずに日本経済を衰退させる。安倍晋三は立派に売国奴としての使命を果たしているのだ。

7～9月期GDP、年率0・8％減　2期連続マイナス

http://www2.news-ex.jp/a/story/news/business/KTT2015111160502.html

内閣府が16日発表した2015年7～9月期の国内総生産（GDP）の1次速報は、物価の変動の影響をのぞいた実質成長率が前期（4～6月期）に比べて0・2％減だった。この状況が1年続いた場合の年率に換算すると、0・8％減。2四半期連続のマイナス成長となった。企業の設備投資が減少し、景気回復の動きが足踏みを続けていることを示す結果となった。設備投資は前期と比べて1・3％減り、2四半期連続のマイナスとなった。工作機械やクレーンなどの発注や、オフィスビルや工場の建設が減った。中国経済の減速などで、企業が投資を控えた可能性がある。（以下略）

円安で輸出が伸びず、景気回復に寄与していないどころか、GDPを押し下げているのだから、量的緩和など即刻やめるべきなのだ。

だが、安倍・黒田の量的緩和の目的は、輸出振興などではない。米国1%による日本乗っ取りの便宜を図り、日本経済を弱体化することなのだ。

「アベノミクスは失敗だった」という声をよく耳にする。勘違いも甚だしい。アベノミクスは、最初から失敗することが目的だったのだ。安倍晋三は「経済再建を目指していると偽装しながら、日本経済を悪くする」という仕事を米国1%から与えられたのだ。

日本経済の弱体化のために強行されたのが、消費増税である。増税されれば、消費者は財布の紐を締める。物が売れなくなり、企業の売り上げが落ちる。労働者にわたる報酬も減り、購買力がさらに減衰する。景気が悪くなる。税収が減る。消費増税は、税収を増やすための政策ということになっているらしい。だが、過去の消費増税でも、全体の税収はその都度、減っている。意味のない増税なのだ。自ら首を絞める増税なのだ。

では、なぜ、増税を強行したのか？　景気を悪くするためである。安倍晋三に与えられた任務は、国民に気づかせずに日本経済を破壊することなのだ。安倍晋三は、消費増税で見事に「アベノミクス不況」を実現したのである。

GPIFの博打運用を追及する夕刊紙報道

アベノミクスの破綻は今や周知のことに

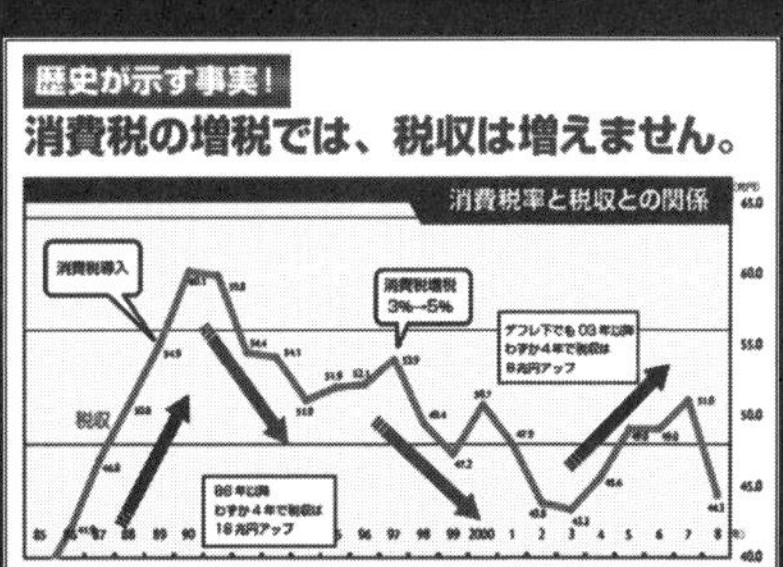

消費増税で日本経済は奈落の底へ

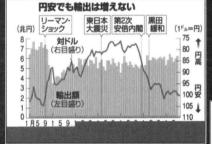

アベノミクスの〝2枚看板〟失墜の危機＝「デフレ脱却」も遠のく
4〜6月期GDP「マイナス1・6％」の衝撃

レコード・チャイナ　2015年8月18日
http://headlines.yahoo.co.jp/hl?a=20150818-00000019-rcdc-cn

2015年4〜6月期の国内総生産（GDP）の実質成長率が、年率換算で1・6％減と3四半期ぶりのマイナス成長に沈んだ。個人消費や輸出に弱さが見られ、景気が落ち込んでいることが確認された。1〜3月期のGDP統計が発表された5月時点で、市場関係者は1・8％程度の増加を見込んでおり、賃上げの波及やボーナスの支給で個人消費が牽引役になるはずだった。金融緩和や円安にもかかわらず消費や輸出が減退、デフレ脱却が遠のくマイナス成長となったことで、安倍政権の経済政策であるアベノミクスの限界が改めて露呈したとの懸念も広がりつつある。（以下略）

安倍政権が強行しているもう一つの「米国1％が望む」蛮行がTPPである。日米を含む12カ国による自由貿易協定の交渉である。既に第1章の「『TPIP』と『TPP』の正体」の項で、あらましはご理解いただいたと思うが、TPPの真の目的は、日本政府を米国1％の統制下に置くことであり、そのためにISD条項が設けられている。「損害を受けたアメリカ企業は、アメリカが支配する『国際投資紛争解決センター』に提訴できるようになる。アメリカが支配する機関に訴えるのだから、認められるのは確実。

米韓ＦＴＡを結んだ韓国も、このＩＳＤ条項に苦しめられています」

「ＩＳＤ条項によって米国が１００％勝てる訴訟の仕組みがあり、米国以外の参加国が必ず損をする貿易協定がＴＰＰ」

「米投資ファンド『ローンスター』が外換銀行の売却で不当な損失を被ったとして、ＩＳＤ条項に基づき韓国政府を仲裁機関である『国際投資紛争解決センター』に提訴」

「ＩＳＤ条項を盛り込んだ北米自由貿易協定（ＮＡＦＴＡ）では、同条項に基づく訴訟がカナダ企業で15件、メキシコ企業で１件なのに対し、米国企業では29件に上る。このため自民党内には米系投資ファンドが昨年、韓国政府を提訴した例なども併せ、日本政府がＴＰＰ参加で米企業の訴訟のターゲットになるという脅威論」……

日本を米国１％企業がＩＳＤ条項で縛り上げようとしている。そして、ＴＰＰによって、日本を米国から逃げられない奴隷にすることで、中露の台頭に対抗しようとしている。ＴＰＰとは、中露が主導するＢＲＩＣＳ、ＡＩＩＢに対峙するための経済ブロックなのだ。国会が承認すれば、日本の農業、医療が崩壊するだけではない。未来永劫、日本は米国１％の言いなりとなる。先に米韓ＦＴＡを発足させてしまった韓国のように……。

日本から収奪する様々な手口を米国１％は、安倍晋三を使って行使してきている。

〈不正選挙への道〉

米国1%の「ご意向」に基づいて、安倍晋三CIA内閣が安保法案を強行採決したゆえ、本来ならば、2016年参院選で、自民党は少なくとも20議席は減らすことになるはずだ。しかし、そうはならない。2016年、参院選での自民党の勝利という結果に、国民は「不正選挙」だと確信を持つことにはなるが。

過去の不正選挙をも国民は知ることになり、怒りは収拾がつかないほどに拡大する。米国1%の日本支配構造が終焉《しゅうえん》する。もっとも、その前に米国国家デフォルトで、日本に構築した傀儡ネットワークも崩壊するであろうが。米国はあと半年も持たないほど疲弊しているのだ。

しかし、裏社会も諦めてはいない。大多数の国民が自民・公明に投票しなくても、対立候補がいなければ、結局、自公が勝つ。

民主党の候補者選びが難航していると報道される。対立候補が立てられずに、自民候補が不戦勝してしまう。野党の選挙協力が遅々として進まない。民主と共産は協力できないと民主の幹部が言う。民主と共産が候補を一本化すれば、野党票が割れずに済むので、野党が有利になる。民主党の前原某は、テレビ番組で意図的に「共産党はシロアリのようなもの」と中傷する。おかげで民主・共産の選挙協力は、さらに遠のく。それが米国1％の秘蔵っ子、前原の目的なのだ。

共産党はどうせ当選しないのに全選挙区に候補者を立ててきた実績がある。おかげで、野党票が割れ、自民党に議席を与えてきた。「第二自民党」と呼ばれる所以《ゆえん》である。自民・公明をAチームとすれば、民主や共産は、Bチームなのだ。どちらも水面下で米国1％に従属している。だから、野党はわざと負けることで、米国1％に貢献している。

民主にいたまともな国会議員は、小沢一郎氏が引き連れて、党外に出てしまい、生活の党とその後継政党が3度の不正選挙で零敗することにより、永田町からほぼ淘汰されてしまった。小沢氏の荒業である。メディアも生活の党について一切報道せず、有権者の脳裏から「生活の党」を消し去るのに協力した。

選挙の結果、民主党に残ったのは、米国1％に尻尾を振るチンピラばかりなのである。当然ながら、不正選挙が大いに疑われたが、小沢氏を含め、生活の党関係者は一切、抗議の声を上げなかった。「談合」があったからである。

わざと負ける役回りの対立候補。ブッシュにわざと負けたジョン・ケリーやアル・ゴアを思い出す。不正選挙なら、米国の方が大先輩なのである。

2015年11月22日投開票の大阪市長選と大阪府知事選のダブル選挙で、その7カ月前に「大阪都構想」の住民投票で否定されたばかりの大阪維新の候補が自民党候補を破った。即座に、自民党の中央が、今後の大阪維新との協力を申し出た。「国会運営での協力や憲法改正を後押しする勢力」として、安倍晋三には極めて好都合な存在なのだ。安倍晋三は、憲法9条改正を進める上で、大阪維新を勝たせたかったのだ。自民の大阪府連の推薦候補など、米国1％にとっては何の価値もないのだ。戦争のできる日本を確立するには、不正選挙で維新を勝たせる必要があったのだ。

憲法改正でCIA自民党に同調してくれる「予定」の大阪維新は、選挙で勝ってもらわなくては困る。そこで、前回70万票の差があったのに、今回は不正選挙で大阪維新が勝ったことにした。

「大阪都」構想を否決した大阪の人たちが、急に気が違って大阪維新の支持に回ったのか？　そんなことは、ありえない。ただただ、不正選挙のなせる業《わざ》である。住民投票では不正ができなかった。それだけの話だ。

自民党の県連、府連は、自民党中央の米国1％の傀儡連中とは隔絶された存在である。地方の意向など、CIA自民党執行部は完全に無視している。中央の政治さえ掌握できれば、売国行為はできる。そこで、あえて、大阪では自民候補が負けたことにした。

政府・自民、大阪維新と国会運営で協力へ　憲法改正にも期待

府知事・市長の大阪ダブル選は橋下徹大阪市長が代表の政治団体「大阪維新の会」が府知事と市長ともに制し、根強い「橋下人気」を見せつけたが、政府・自民党からは野党分断を図る上で有利に働くとの見方がある。橋下氏や松井一郎府知事は安倍晋三首相と気脈を通じ、理念も近いだけに、国会運営での協力や憲法改正を後押しする勢力になり得るからだ。一方、来夏の参院選で「1強打破」を目指す野党は警戒感を強めている。

大阪人にとって、とっくの昔に賞味期限切れになっている「大阪維新」とやらが、大阪市長選、府知事選で勝利する不思議。ほとんど怪奇現象である。実際の票に関わりなく、集計数字だけを弄《いじ》って偽の結果を出しているのではないか。

ダブル選挙に先立ち、10月の東大阪市議会議員選挙でも、怪奇現象が起きていた。どうやら、米国1％は、大阪維新の候補を多数不正当選させて、有力野党としたうえで、自民党に協力させようとしているようだ。つまり、憲法を改正して、中国と戦争のできる国に作り替えるために。

東大阪市議会議員選挙で維新の会8人全員当選ばかりか、上位3人が維新の会の無名新人

10月21日夕発行の日刊ゲンダイは、東大阪市議会議員選挙で維新の会8人全員当選ばかりか上位3人が維新の会の無名新人で占められたのは大変おかしいと書いていました。橋下大阪市長の大阪都構想の住民投票敗北で、大阪では大阪都が既に終わった話とみられているのにおかしな話ですね。11月の大阪府知事・大阪市長ダブル選挙に照準を合わせた大規模不正ムサシ選挙ではないでしょうか?!

これに先立ち、維新は二つに分裂した。維新は、米国1%所属の「不正選挙」頼みの「大阪維新」と反自民維新に分かれたわけである。

第三自民党として活躍するためには、米国1%の意に沿わない議員を分離して排除しなければならない。だから、橋下某は、離党して大阪維新を立ち上げたのだ。純正の売国奴政党とするために。

2015年10月25日

RKブログのコメント

今世間を賑わしている「維新の会」の分裂騒ぎも連動していると考えられます。橋下率いる純粋な売国奴集団「おおさか維新の会」でなければ安倍の援護射撃はできないと考えたのでしょう。これにみんなの党も合流すれば「ビンゴ」であり、民主党はただ指をくわえて見ているだらしのない野党という役が演じきれます。次は改憲が控えています。

このために今体勢作りをしていると考えられます。

安倍晋三のアベノミクスが、何ら日本経済に寄与せず、国民生活を圧迫していると日本国民の大半はわかっている。消費増税は、国民生活をさらに窮屈にし、大衆を貧困に追い込んでいる。そして、安保法案の強行で、ほとんどの国民が、安倍の蛮行に賛同していないことも明らかになった。

このまま、2016年7月の参院選になれば、現政権与党が勝利できるわけがない。だが、自公の背後の米国1%にしてみれば、このまま自公に政権を続けさせ、日本からの略奪を完成し、日中戦争を捏造して、米国経済の延命を図りたい。

そのためには、「不正選挙」がどうしても必要になってくる。

日本の官憲も司法もメディアも米国1%の仲間に取り込んである。だから、不正選挙を糾弾されても、逃げ切れると算段しているのだ。実際、過去3回の衆参不正選挙では、行政訴訟を数十件も起こされたが何とか逃げ切った。メディアには、ひたすら裁判に触れないように統制した。筆者らが、法廷で裁判長の「10秒判決」の暴挙を糾弾し、替え歌を合唱して抗議し、法廷騒乱の動画をネットで公開しても、メディアはほとんど報道しなかった。報道すれば、不正選挙に注目が集まってしまうからである。

しかし、2016年の参院選で不正手口を使うのは、かなり、困難になってきた。創価学会員の不満噴出で、創価を今までのように自公の不正選挙に動員できそうにない。裏社会も、今度の選挙を無事に乗り切れるかどうか焦燥感に包まれているはずだ。

メディアは、既に不正選挙を実行すべく動員されている。偽の世論調査結果を出して、安倍晋三政権の支持率が徐々に戻ってきたと国民に印象付けようとしている。不正選挙結果を疑われないように今から準備をしているのだ。

だが、今回の選挙は安保法案の問題で覚醒した数千万の国民の監視を受けることになる。多くのデモ参加者や、テレビやネットにくぎ付けになった「新規参入者」が、どこかで必ず、「不正選挙」の文字を目にしている。筆者らも、今度の選挙では、行動に出る。

選挙に候補を出すことを真剣に考えている。選挙資金が手に入ればの話であるが、10人の候補者を揃え、全国区で2%の得票を得て、政治政党の認定を手に入れる。当然、当選をも目指す。そのための戦略も考えている。通り一片のことをやっても、だれ一人当選しないのはわかっている。だから、だれもできない技を使う。

妨害があるのも分かっている。裏社会の姑息な手口は、過去の選挙の手伝いで重々分かっている。だが、我々はIT技術に通じたテクノラート集団だ。ネットを駆使して、悪を退治する。警察などいらない。むしろ、裏社会の番人でしかない。ネットこそ、最高権力なのだ。

現存する与野党はすべて、米国1％の紐付きだ。共産党も大阪維新もだ。我々は、米国1％の手垢で汚れていない日本と日本人のための政党を創生する。

参院全国区の供託金は600万円である。候補者10人なら6000万円である。生半可な金額ではない。だが、この救国の戦いに賛同し、資金を提供いただける国士が出現することを信じている。たった6000万円で、日本と世界を正常化できるなら、ただ同然ではないか。賛同者を募る。


本書を読了して、だれが本当の敵なのかわかった皆さん、一緒に戦ってください。お金のない人は労力と知恵で。

このまま、みっともない国を、子孫に受け渡すなんて八百万《やおよろず》の神が許しません。ご先祖様に申し訳が立ちません。悪魔を退治して、清廉な日本を次世代に残しましょう。そして、世界の浄化の第一歩といたしましょう。

ありがとうございました。

リチャード・コシミズ

◉著者について

リチャード・コシミズ

知性と正義感を唯一の武器とする非暴力ネット・ジャーナリスト。1955年東京生まれ。青山学院大学経済学部卒業後、商社勤務中に同僚の保険金殺人事件に遭遇、警視庁に告発すると同時にネットで情報を公開した。しかし警察は訴えを門前払いにして受理しなかった。これをもってネット・ジャーナリスト活動の原点とする。その後、オウム事件、９１１テロ事件、さらには巨大宗教団体の背後の「ユダヤ金融資本権力」の存在を指摘し、旺盛な言論活動を展開、ウェブサイトは累計１億7000万超アクセスと絶大な支持を受けている。全国各地で講演会・勉強会を手弁当で開催し、その模様を惜しげもなく公開している。2007年には自身の後援会「独立党」を結成、2012年の衆院選挙、2013年の参院選挙における「不正選挙」を糾弾し、全国各地で訴訟を提起、その一部始終を自サイトで公開している。著書には自費出版で刊行した全11作をはじめ、公刊書として『リチャード・コシミズの未来の歴史教科書』『日本の魔界』『世界の闇を語る父と子の会話集』（成甲書房刊）がある。

リチャード・コシミズ独立党
http://dokuritsutou.heteml.jp/
リチャード・コシミズ・ブログ
http://richardkoshimizu.at.webry.info/

パリ八百長《やおちょう》テロと
米国《べいこく》1％の対日謀略《たいにちぼうりゃく》

◉著者
リチャード・コシミズ

◉発行日
初版第1刷 2015年12月25日

◉発行者
田中亮介

◉発行所
株式会社 成甲書房

郵便番号101-0051
東京都千代田区神田神保町1-42
振替00160-9-85784
電話03(3295)1687
E-MAIL mail@seikoshobo.co.jp
URL http://www.seikoshobo.co.jp

◉印刷・製本
株式会社 シナノ

©Richard Koshimizu
Printed in Japan, 2015
ISBN978-4-88086-335-1

本体価は定価カードと
カバーに表示してあります。
乱丁・落丁がございましたら、
お手数ですが小社までお送りください。
送料小社負担にてお取り替えいたします。

リチャード・コシミズの
未来の歴史教科書
リチャード・コシミズ

ネット言論界の雄、初の公刊書。知らずに生きるのは悲しすぎる、本来は教科書が語るべき真実の歴史。《本書の内容》── 戦後70年は日本人劣化の歴史（消えてしまった日本人らしさ、なぜ日本人はこれほど劣化したのか？その恐るべき真因）、からゆきさんと日本の近代化（明治初期、最初に海外に出て行った日本人娼婦を待ち受けていた過酷な運命と近代日本の道程）、不正選挙追及が未来の日本をつくる（12・16衆院選、7・21参院選は全国規模での不正選挙！正義の集団訴訟同時進行ドキュメント）等々、リチャード・コシミズＲＫ理論の核心をあますことなく展開……好評増刷出来

四六判上製◉本文420頁◉本体1900円（税別）

リチャード・コシミズの小説ではない小説
日本の魔界
リチャード・コシミズ

この国は魔物に支配されている！日本社会に巣食う《組織内組織》、カルト宗教や警察内部にはびこるその悪辣な全貌。ネット・ジャーナリスト、リチャード・コシミズ誕生の原点である《保険金殺人事件》の全経過と経緯を、小説形式で描きあげた問題作。この国で起きている恐ろしすぎる話、事実は小説より奇なりを地でいく奇怪譚……好評既刊

四六判上製◉本文240頁◉本体1600円（税別）

世界の闇を語る父と子の会話集
リチャード・コシミズ

世界の真実を知るためのキーワードが満載。あなたが真実の世界に踏み込むための入門書。この本で欺瞞に満ちた世界の惨状を知ってください。世界を支配する質の悪い人たちの存在を知ってください。真実を知り、今、何をすべきかを知ってください。そして、行動してください。日本と世界を、我々の未来の子孫を守るために……好評既刊

四六判上製◉本文320頁◉本体1800円（税別）

◉

ご注文は書店へ、直接小社Webでも承り

異色ノンフィクションの成甲書房